(Ingrid Hastedt/Peter Junker/Gisela Rehfeld)

Führung und Verantwortung

Umgang mit Führungsaufgaben in sozialen Unternehmen

Ingrid Hastedt/Peter Junker/Gisela Rehfeld

Führung und Verantwortung

Umgang mit Führungsaufgaben
in sozialen Unternehmen

Ein Unternehmen der Klett-Gruppe

RAABE Fachverlag für
Öffentliche Verwaltung
Schadowstraße 48–50
40212 Düsseldorf

Die Deutsche Bibliothek – CIP-Einheitsaufnahme

Hastedt, Ingrid/Junker, Peter/Rehfeld, Gisela:
Führung und Verantwortung: Umgang mit Führungsaufgaben in sozialen Unternehmen/Ingrid Hastedt, Peter Junker, Gisela Rehfeld. – Stuttgart, Berlin, Bonn, Budapest, Düsseldorf, Heidelberg, Wien: Raabe, 1995.
ISBN 3-88649-506-X

© 1995 bei Dr. Josef Raabe Verlags-GmbH
Alle Rechte vorbehalten.
Nachdruck – auch auszugsweise – nur mit Genehmigung des Verlages.
Redaktion und Lektorat: Susanne Hepperle
Umschlag: ARTWORK GMBH, Düsseldorf
Satz und Repro: Fotosatz Sauter GmbH, Donzdorf
Druck: rondo Druck, Ebersbach-Roßwälden
Buchbindung und Auslieferung: Hans Waidner GmbH, Fellbach
Printed in Germany
ISBN 3-88649-506-X

Inhalt

Seite

I. Führungsverständnis im Sozialbereich

1. Vorbemerkung 5
2. Definition des Begriffs „Führung" 7
3. Einordnung von Führung in die Organisation 8
4. Zielorientierung 10
5. Partizipation 12

II. Führungsprofil – Anforderungen an eine Führungskraft

1. Checkliste 17
2. Persönliche und fachliche Kompetenz 18
3. Urteilsfähigkeit 20
4. Entscheidungsfähigkeit 20
5. Standfestigkeit 21
6. Merkfähigkeit 21
7. Echtheit 21
8. Offenheit 22
9. Aktives Zuhören – Aktives Sehen 23
10. Mut zu Entscheidungen 25
11. Kritikfähigkeit 25
12. Konfliktbearbeitung 26
13. Auffassungsgabe 26
14. Flexibilität 26
15. Einschätzbarkeit/Berechenbarkeit 26
16. Lebensfreude 27
17. Einfühlungsvermögen 27
18. Kompromißbereitschaft 28
19. Belastbarkeit 28
20. Individualität – Sozialität 29
21. Wertbezug 30
22. Geltungsbedürfnis 30
23. Initiative 30

III. Führungsaufgaben

1. Sach- und personenbezogene Führungsaufgaben –
   Ein Spannungsfeld 33
2. Sachbezogene Führungsaufgaben 36
   2.1 Planung 36
   2.2 Organisation 47
   2.3 Kontrolle und Überwachung 60
3. Personenbezogene Führungsaufgaben 61

V

IV. Führungsinstrumente

1. Führungsinstrumente – Begriff und Aufgabe 69
2. Objektiv bewertbare Führungsinstrumente 69
3. Motivationsfördernde Führungsinstrumente 70
   - 3.1 Information und Kommunikation 71
   - 3.2 Führungsstile 75
   - 3.3 Mitarbeiterbeurteilung 77
   - 3.4 Mitarbeiter begleiten 80
4. Einsatz von Führungsinstrumenten 81

V. Managementprinzipien

1. Management by Organisation 92
2. Management by Delegation 93
3. Management by Motivation 95

VI. Führungserfolg

1. Dimensionen 99
   - 1.1 Mikroperspektive 99
   - 1.2 Makroperspektive 100
2. Die Führungskraft und ihr eigener Erfolg 102
3. Erfolgreicher Umgang mit Zielkonflikten 105
4. Wesen des Führungserfolgs in Sozialunternehmen 107

VII. Stichwortverzeichnis 111

VIII. Quellenverzeichnis 115

IX. Das Autorenteam 119

Wenn ihr's nicht fühlt, ihr werdet's nicht erjagen,
Wenn es nicht aus der Seele dringt
Und mit urkräftigem Behagen
Die Herzen aller Hörer zwingt

Faust in Goethe, Faust 534/37

I. Führungsverständnis im Sozialbereich

1. Vorbemerkung

Führung im Sozialbereich – Ein unvereinbarer Gegensatz?
In sozialen Unternehmen ist der Umgang mit Hierarchien zur Zeit noch anders ausgeprägt als in anderen Bereichen der Wirtschaft. Dies hat die unterschiedlichsten Gründe:

- ☐ Die Mitarbeiterinnen und Mitarbeiter in sozialen Unternehmen haben ihren Beruf häufig in erster Linie wegen der Arbeit mit und an Menschen gewählt. Das eigene Geltungsbedürfnis sollte ihrer Ansicht nach nicht im Vordergrund stehen und wird so von leitenden Mitarbeiterinnen und Mitarbeitern häufig unter den Teppich gekehrt: Man will nicht der Chef sein, obwohl man es ist. Beispiele aus dem Arbeitsalltag hierfür sind:

    - Die Pflegedienstleiterin einer Sozialstation möchte eine von vielen sein.
    - Die Verwaltung ist für das Management zuständig, die pflegerisch oder sozialpädagogisch ausgebildeten Mitarbeiterinnen und Mitarbeiter dagegen verstehen sich nicht als Manager.

- ☐ Innerhalb der Unternehmen wird Leitung nicht honoriert und das Innehaben von leitenden Positionen nicht als Karriere betrachtet. Dies gilt ganz besonders bei Frauen.

- ☐ Ein weiterer Grund ergibt sich aus der geschichtlichen Entwicklung des sozialen Engagements. In früheren Jahrhunderten war die christliche Nächstenliebe ausschlaggebend für die Kirche und dann auch für adlige Damen, den Kranken und Armen zu helfen. Durch die Betonung der guten Taten sollte von der eigenen Person abgelenkt werden.

Allerdings würden ohne leitende, planende und organisierende Arbeit soziale Dienstleistungen, wie z.B. die Pflege eines Patienten, nur sehr ineffektiv geleistet werden können. Wenn z.B. niemand einen Dienstplan erstellt und alle Pflegemitarbeiter der Station über ihre Arbeitszeit unkoordiniert nach den eigenen Wünschen kurzfristig entscheiden, wird eine personelle Unterbesetzung zu unbeliebten Arbeitszeiten wahrscheinlich sein. Eine dispositive Arbeit, die im folgenden als Führung bezeichnet wird, ist daher notwendig.

Soziales Unternehmen – gemeinnützig und wirtschaftlich
Ebenfalls ist es heute noch relativ ungewohnt, im Sozialbereich von Unternehmen zu sprechen – wenige Mitarbeiterinnen und Mitarbeiter werden sich damit identifizieren können. Wir tun es in diesem Buch dennoch aus zweierlei Gründen:

- Der Begriff Unternehmen impliziert, daß es sich um einen Betrieb mit dem Zwang zum wirtschaftlichen Arbeiten handelt. Da sich der wirtschaftliche Erfolgszwang im Sozialbereich zunehmend verstärkt – Erscheinungsbilder sind z.B. neue Finanzierungsstrukturen im Gesundheitswesen und in der Altenhilfe sowie sich ändernde Ansprüche der Kunden – ist es gerechtfertigt, bei Anbietern von sozialen Dienstleistungen von Unternehmen zu sprechen. Die Größe des sozialen Unternehmens, charakterisiert durch die Anzahl der Mitarbeiter oder die Höhe des Umsatzes, spielt dabei keine Rolle.

- Allgemein werden mit dem Sozialbereich allerdings freigemeinnützige Unternehmen assoziiert, die nicht gewinnorientiert arbeiten. Dazu werden in der Regel Betriebe in Trägerschaft von Kirchen, Wohlfahrtsverbänden bzw. der sogenannten „freien Wohlfahrtspflege" und von öffentlichen Körperschaften gezählt. Die Bezeichnung „Unternehmen" schließt Freigemeinnützigkeit nicht aus.

Geführt wird im Sozialbereich häufig ohne theoretischen Hintergrund, oft „aus dem Gefühl heraus". Dies muß – je nach Sozialverhalten einer Führungskraft – nicht schlecht sein. Jedoch sollten sich Führungskräfte auch mit der Theorie zur Führung im Sozialbereich auseinandersetzen, um ihr Handeln immer wieder überprüfen zu können und um nachgeordnete Führungsebenen effektiv anzuleiten.

Durch die vielen im Buch angeführten Beispiele soll für den Praktiker die Theorie veranschaulicht werden. Der Leser kann anhand der Beispiele das eigene Führungsverhalten reflektieren. Dabei erheben die Autoren nicht den Anspruch, Führungssituationen in all ihren Dimensionen abzubilden, da Kommunikationsverhalten und Umgangsformen an Personen und Situationen geknüpft sind.

Wir verwenden in diesem Buch der Einfachheit halber häufig den Begriff „Mitarbeiter". Damit meinen wir selbstverständlich immer Mitarbeiterinnen und Mitarbeiter.

2. Definition des Begriffs „Führung"

Der Begriff „Führung" ist umgangssprachlich mit verschiedensten Bedeutungen belegt. Die Begriffe Führung, Management und Leitung haben – objektiv betrachtet – die gleiche Bedeutung. Interessant ist jedoch, daß im Sozialbereich mit den einzelnen Begriffen völlig unterschiedliche Inhalte assoziiert werden.

Assoziationen

Management

Im Sozialbereich wird mit dem Begriff „Management" grundsätzlich die Industrie und insbesondere deren Vertreter assoziiert. Der Begriff ist sehr negativ belegt und löst bei Mitarbeiterinnen und Mitarbeitern im Sozialbereich Abwehr aus. Die Ursache dafür könnte darin liegen, daß immer wieder in betriebswirtschaftlich schlecht geführten Sozialunternehmen Vorgehensweisen aus der Industrie übernommen wurden, was innerhalb des Sozialunternehmens häufig zu personellen Konsequenzen führte.

Leitung

Der Begriff „Leitung" löst im Sozialbereich positive Assoziationen aus. Leitung von Mitarbeitern wird mit Anleiten in Zusammenhang gebracht. Man geht also davon aus, daß die Mitarbeiter davon profitieren und etwas lernen. Im Sozialbereich werden Führungskräfte dementsprechend häufig mit dem Begriff „Leitung" bezeichnet.

Führung

Der Begriff „Führung" beinhaltet sowohl die Tätigkeit des Führens als auch die Gesamtheit derjenigen Mitarbeiter, die die Führung innehaben. Im Sozialbereich löst der Begriff starke Ängste aus, da unter Führung insbesondere die Beeinflussung der Persönlichkeit des Mitarbeiters verstanden wird. Der Begriff wird daher im Sozialbereich auch selten verwendet.

Wir werden in diesem Buch hauptsächlich den Begriff „Führung" verwenden.

> **! Definition**
>
> Im folgenden wird „Führung" verstanden als „das zielorientierte Gestalten und Steuern des Unternehmens im Sozialbereich". Führung ist damit in erster Linie eine Koordinierungsaufgabe: Koordiniert werden müssen die vielen Ziele, die es im Sozialbereich gibt, mit dem definierten Ziel des Unternehmens, was nicht ohne den „menschlichen Faktor", der eine Gruppe zusammenhält und sie für Ziele motiviert, geschehen kann.[1]

3. Einordnung von Führung in die Organisation

Innerhalb der Unternehmen sind verschiedene **hierarchische Ebenen** anzutreffen. Üblicherweise werden drei derartige Ebenen unterschieden:

- die obere Ebene (Top-Management)
- die mittlere Ebene (Middle-Management)
- die untere Ebene (Lower-Management)

Diese drei Ebenen der betrieblichen Hierarchie **unterscheiden sich u.a. durch**:

- die Art ihrer Aufgaben,
- den Anteil ihrer Entscheidungs- und Realisationsaufgaben,
- die Reichweite ihrer Entscheidungen,
- die Geltungsdauer ihrer getroffenen Entscheidungen sowie
- den Grad der Programmierbarkeit ihrer Entscheidungen.

Hierarchische Ebene	Entscheidungsbereich
obere Ebene (Top-Management)	gesamtes Unternehmen = Unternehmensführung
mittlere Ebene (Middle-Management)	weisungsbefugt gegenüber weiteren Führungsebenen
untere Ebene (Lower-Management)	weisungsbefugt gegenüber ausführenden Mitarbeitern

Quelle: Grochla, E., Unternehmensorganisation, in: Hörschgen, H., Grundbegriffe der Betriebswirtschaftslehre II, S. 298.

Je nach Aufbauorganisation eines sozialen Unternehmens können die Leitungsfunktionen diesen verschiedenen Hierarchieebenen zugeordnet werden.

Beispiel 1 *Wenn im Altenhilfebereich ein Betriebsträger mehrere Einrichtungen, z.B. Pflegeheime, führt und eine Zentral- oder Hauptverwaltung existiert, so kann die Funktion Geschäftsführer oder Direktor in der Zentral-/Hauptverwaltung zum Top-Management zählen. Wenn sich ein Pflegeheim in kommunaler Trägerschaft befindet, so wird unter Umständen die Position des Sozialdezernenten oder Gesundheitsdezernenten zum Top-Management zu zählen sein. Im Falle eines Betriebsträgers mit einer einzigen Pflegeeinrichtung wäre dann die Funktion Heimleiter zum Top-Management zu zählen.*

Beispiel 2   *Eine Stationsleitung in der Pflege kann – je nach Aufbauorganisation – entweder dem Middle- oder dem Lower-Management zuzurechnen sein: Existieren im Pflegeheim auf einer Pflegestation mehrere Wohngruppen mit eigener Gruppenleitung, so ist die Stationsleitung dem Middle-Management zuzuordnen. Gibt es dagegen z.B. im Krankenhaus auf einer Station keine nachgeordneten Führungsebenen mehr, so handelt es sich bei der Stationsleitung um das Lower-Management.*

Im Sozialbereich kann es vorkommen, daß Führungskräfte gleichzeitig auf verschiedenen Hierarchieebenen stehen. Dann ist es für die Mitarbeiter häufig schwierig, mit der **Multifunktionalität der Führungskraft** umzugehen und in der jeweiligen Situation richtig zu werten. Die Führungskraft muß deshalb die Hierarchieebene, auf der sie gerade handelt, deutlich machen. Hier sind in besonderem Maße ihre Führungsverantwortung und -fähigkeit gefordert.

Beispiel 3   *Der Verwaltungsleiter eines Krankenhauses hat als Mitglied des Direktoriums situationsabhängig mehr oder weniger eigenständige Entscheidungsfreiheit. Tritt ein Verwaltungsmitarbeiter mit der Frage an ihn heran, inwieweit sein spezieller Urlaubswunsch erfüllbar ist, kann der Verwaltungsleiter – unter Berücksichtigung der gesetzlichen oder tariflichen Vorschriften sowie der hausinternen Regelungen – nach Rücksprache mit dem direkten Vorgesetzten des Mitarbeiters über den Urlaubswunsch eigenständig entscheiden. Dagegen muß sich der Verwaltungsleiter der gemeinsamen Entscheidung des Direktoriums beugen, wenn durch Umbaumaßnahmen bedingte Urlaubssperren höhere Bedeutung haben als individuelle und gerechtfertigte Mitarbeiterwünsche.*

Die jeweilige Art der hierarchischen Gliederung eines Unternehmens spielt bei den Ausführungen und Beispielen in diesem Buch nur eine untergeordnete Rolle.

4. Zielorientierung

Die von gesellschaftlichen Normen abgeleiteten Bedarfe bestimmen die Ziele im Sozialbereich.

Beispiel *Die christlich geprägte Gesellschaft formuliert als Norm, daß hilfebedürftige Menschen im notwendigen Maß unterstützt werden. Unter „notwendig" werden Begriffe wie Liebe, Zeit, Zuwendung, professionelle, fachliche und technische Unterstützung über 24 Stunden hinweg verstanden. Für einen kirchlichen ambulanten Pflegedienst leitet sich daraus der Bedarf ab, daß er dem hilfebedürftigen Menschen soviel Pflege zukommen läßt wie dieser individuell für sich fordert. Der Pflegedienst definiert daher das Unternehmensziel, der Zielgruppe eine maximale Bedarfsdeckkung anzubieten.*

Die Mitarbeiterinnen und Mitarbeiter des Unternehmens haben internalisiert, welche Normen die Gesellschaft formuliert. Der hohe Anspruch der Mitarbeiter und die begrenzten Ressourcen sind nur schwer miteinander in Einklang zu bringen. Wenn dies nicht gelingt, kommt es zu einem Motivationseinbruch bei den Mitarbeitern im Sozialbereich, denn diese arbeiten in erster Linie nicht für das Unternehmen, sondern für den betroffenen Menschen und für ihre eigenen Motive. Kommt es hierbei zu einem **Zielkonflikt** und damit zu einem Motivationseinbruch, wenden sich die Mitarbeiter gegen das Unternehmen.

Daher müssen persönliche Ziele der Mitarbeiter, gesellschaftliche Vorstellungen und Unternehmensziele in Einklang gebracht werden, um eine Identifikation mit der Arbeit und die **Ausrichtung auf ein gemeinsames Ziel** zu erreichen.

Die Vielfalt der Ziele oder auch gelegentlich die Einfalt oder die Selbstverständlichkeit von Zielen, die im Sozialbereich im Alltag zu beobachten ist, ist dabei ein nicht zu übersehendes Hindernis. Wenn man die Mitarbeiter sozialer Unternehmen nach Zielen fragen würde, könnte kaum einer sagen, wofür er arbeitet.

Beispiel *Ein Verwaltungs-Sachbearbeiter würde formulieren: „Ich arbeite für die Verwaltung". anstatt: „Ich arbeite für den kranken Menschen und achte darauf, daß möglichst wirtschaftlich mit seinen Krankenkassenbeiträgen umgegangen wird."*

> **! Merke**
>
> Um eine Zielorientierung herzustellen, müssen Ziele
> - dokumentiert,
> - ausgesprochen und
> - dargestellt werden.

Ziele können dokumentiert und dargestellt werden in Form eines sogenannten „Leitbildes", das von der Führung unter Beteiligung der Mitarbeiter zu formulieren ist.

> **Beispiel für ein Leitbild eines diakonischen Unternehmens**
>
> Die Hilfe soll Menschen in der unmittelbaren Umgebung zugute kommen, die sich in Situationen befinden, die sie selbst nicht meistern können. Hier ist unsere Zuwendung gefordert, unabhängig davon, ob sie uns glaubensmäßig oder volksmäßig nahestehen.
>
> Unser Leitbild ist in erster Linie durch den Glauben, durch die Motivation der handelnden Personen geprägt. Unsere Organisationen sind christlich, weil sie ihre Arbeitsweise konsequent auf das Ziel, den Leidenden im Namen Christi zu dienen, ausrichten. Dabei besteht eine große Freiheit in der Wahl der Mittel, die Vernunft walten zu lassen.
>
> Unsere Organisationen brauchen aber auch ein kritisches Moment, das der Tendenz des Menschen zuwiderläuft, eigene Interessen durch religiöse Verschleierungen durchzusetzen. Wir dürfen das Evangelium nicht doketisch verstehen, als dürfe die Botschaft der Bibel nur einen Teilbereich des Lebens befassen – etwa nur den Verstand – als wäre das Evangelium nur eine abstrakte Lehre.
>
> Das Wort Gottes ist Fleisch geworden. Christus will auch unter uns im konkreten Leben und Zusammenleben erfahrbar werden. Er braucht dazu Menschen, die sich mit dem ganzen Herzen auf ihn ausrichten.
>
> Wir streben also in unserem Leitbild die Entwicklung zur Gemeinschaft, zu Vertrauen, zur Partizipation und zur Kommunikation untereinander sowie zum HERRN der Diakonie an.

Der Sozialbereich krankt an mangelnder Koordination der Ziele, an zu wenig neuen Anregungen, an zu wenig Querdenken, weil einfältig oder unreflektiert mit Zielen umgegangen wird. Dies führt zu einer Sinnlosigkeit des Handelns bei vielen Mitarbeitern. Oder die Mitarbeiter schaffen sich ihr eigenes Leitbild, woraus dann resultiert, daß die Führung viele Ziele der Mitarbeiter gar nicht kennt.

5. Partizipation

In mehr oder weniger großem Ausmaß beinhaltet Führung immer Partizipation.

> **! Definition**
>
> Partizipation bedeutet, daß Mitarbeiter in Entscheidungsprozesse eingebunden werden, die ihren Arbeitsplatz, ihr Aufgabengebiet, aber auch die Rahmenbedingungen bis hin zur Unternehmensstrategie betreffen, wobei das Ausmaß der Partizipation abhängig ist von der jeweiligen Qualifikation der Mitarbeiter.[2]

Die meisten unserer angeführten Beispiele berücksichtigen eine möglichst große Partizipation. Durch Partizipation soll erreicht werden, daß sich die Mitarbeiter mit den Zielen identifizieren und Erfolge als ihre eigenen erleben, was ihnen Befriedigung verschafft.

Vroom-Yetton sind davon ausgegangen, daß der Grad der Information und damit ein geschlossener Informationskreislauf Voraussetzung für die Beteiligung am Entscheidungsprozeß ist.

Der Fluß der Informationen vom Unternehmen zum Mitarbeiter und vom Mitarbeiter zum Unternehmen bedeutet bereits in seiner Grundanlage Beteiligung an Entscheidungsprozessen. Je mehr der Mitarbeiter und umgekehrt das Unternehmen seinen Kenntnisstand und die Reflexion dieses Kenntnisstandes erweitert, um so höher ist der Einfluß der jeweiligen Seite auf die Entscheidungsvorbereitung.

Diese Beteiligung der Mitarbeiter an der Vorbereitung von Entscheidungen ist von *Vroom-Yetton* in **fünf Partizipationsstufen** eingeteilt worden:[3]

❶ **Stufe 1** beschreibt einen Zustand, der – bei gegebenem Informationsstand – Entscheidungen möglich macht, die auf der Basis eines geschlossenen Informationskreislaufs ein Informationsniveau reflektieren. Dies ist der Stand, auf dessen gegebener Grundlage dann entschieden wird.

❷ Bei der **Stufe 2** werden über den gegebenen Informationsstand hinaus zusätzliche Informationen, etwa durch einen Sachverständigen, angefordert. Diese Informationen ergänzen also den gegebenen Informationsstand der Stufe 1.

❸ Bei der **Stufe 3** kommen nunmehr Arbeitsgruppen, Arbeitskreise oder Vorbereitungsgruppen, bestehend aus Mitarbeitern des Unternehmens, hinzu, die anhand des gegebenen Informationsstandes und der zusätzlich angeforderten Informationen in Gruppenarbeit Lösungsalternativen erarbeiten. Die Entscheidung fällt dann unter den von den Gruppen ausgearbeiteten Lösungsalternativen.

❹ Die **Stufe 4** arbeitet auf dem Niveau der Stufe 3 mit dem Unterschied, daß nunmehr die Gruppe, welche die Lösungsvarianten ausarbeitet, neben den Alternativen zur Lösung eine bestimmte Alternative favorisiert. Die Entscheidung kann dann nur zugunsten dieser Alternative getroffen werden.

❺ Bei der **Stufe 5** legt die entscheidungsvorbereitende Gruppe aus mehreren Lösungsvarianten eine Lösung vor. Die Entscheidung muß dann zugunsten dieser Lösung fallen oder eine weitere Variante angefordert werden.

Die Partizipationsstufen bauen aufeinander auf und es wird nicht erwähnt, wer letztlich die Entscheidung zu treffen hat, denn *Vroom-Yetton* gehen davon aus, daß die Entscheidung und die Beteiligung bei der Vorbereitung von Entscheidungen zwei verschiedene Prozesse sind. Sie gehen allerdings auch davon aus – und das sollte in einem Führungsmodell festgelegt sein – daß es eine **bestimmte Partizipationsstufe in einem Führungsmodell** gibt. Da die Partizipationsstufen aufeinander aufbauen, bringt die Verletzung einer bestehenden Stufe immer einen Rückfall in die nächstniedrigere Partizipationsstufe mit sich.

Einige Beispiele für die Partizipationsstufen

Stufe 1
Eine neue Telefonanlage soll beschafft werden. Der Einkaufsleiter holt Angebote von verschiedenen Firmen ein und entscheidet anhand der Budgetvorgaben.

Stufe 2
Der Einkaufsleiter holt sich zusätzliche Informationen von Pflegemitarbeitern zu den von ihm in die engere Auswahl gezogenen Fabrikaten ein.

Stufe 3
Der Einkaufsleiter gründet eine Arbeitsgruppe, die lediglich Vorschläge macht, welche Telefonanlage aus Mitarbeiter- und Kundensicht geeignet wäre. Aufgrund dieser Vorschläge trifft der Einkaufsleiter seine Entscheidung.

Stufe 4
Es wird wie bei Stufe 3 vorgegangen. Zusätzlich wählt die Arbeitsgruppe aus den von ihr vorgeschlagenen Fabrikaten eine Alternative aus, die favorisiert wird. Der Einkaufsleiter muß diesen von der Gruppe favorisierten Vorschlag akzeptieren.

Stufe 5
Spricht sich der Einkaufsleiter gegen die Entscheidung der Gruppe aus, bedeutet dies, daß die entscheidungsvorbereitende Kompetenz der Arbeitsgruppe in Frage gestellt wird. Dies ist nur dann akzeptabel, wenn der Einkaufsleiter veränderte Rahmenbedingungen benennt, z.B. die Notwendigkeit einer Notrufschaltung. Der Einkaufsleiter erbittet daher eine auf die neue Situation abgestimmte Entscheidungsvorbereitung.

II. Führungsprofil – Anforderungen an eine Führungskraft

Die Mitarbeiter haben keine konkrete Vorstellung, wie ihr Chef sein soll, aber eine hohe Erwartungshaltung an ihren Vorgesetzten.

Bei den auf den folgenden Seiten beschriebenen Persönlichkeitsmerkmalen einer Führungskraft handelt es sich um die Darstellung eines Ideals in allen Ausprägungen der Persönlichkeit. Für verschiedene Führungspositionen und je nach Zielsetzung des Unternehmens sind in diesem Rahmen unterschiedliche Schwerpunkte zu setzen.

> **Der folgende Katalog an Persönlichkeitsmerkmalen ist**
>
> – eine Entscheidungshilfe zur Auswahl von Führungspersönlichkeiten
> – eine Orientierung für Führungskräfte
> – ein unausgesprochener Anspruch der Mitarbeiter an Führungskräfte

1. Checkliste

Das sollten Sie als Führungskraft ausstrahlen:

- ☐ Persönliche und fachliche Kompetenz
- ☐ Urteilsfähigkeit
- ☐ Entscheidungsfähigkeit
- ☐ Standfestigkeit
- ☐ Merkfähigkeit
- ☐ Echtheit
- ☐ Offenheit
- ☐ Aktives Zuhören/Aktives Sehen
- ☐ Mut zu Entscheidungen
- ☐ Kritikfähigkeit
- ☐ Konfliktbearbeitung
- ☐ Auffassungsgabe
- ☐ Flexibilität
- ☐ Einschätzbarkeit/Berechenbarkeit
- ☐ Lebensfreude
- ☐ Einfühlungsvermögen
- ☐ Kompromißbereitschaft
- ☐ Belastbarkeit
- ☐ Individualität/Sozialität
- ☐ Wertbezug
- ☐ Geltungsbedürfnis
- ☐ Initiative

2. Persönliche und fachliche Kompetenz

Kompetenz wird definiert als „persönliche Fähigkeit, die Umwelt zu meistern und Schwierigkeiten im Leben zu überwinden".[4]

Wir unterteilen diese Kompetenz in persönliche und fachliche Faktoren. Beide zusammen ergeben die Fähigkeit, den Anforderungen des Arbeitsalltags gerecht zu werden.

☑ **Checkliste**

Persönliche Kompetenz

Die Führungskraft

- ☐ kennt ihre Stärken und Schwächen
- ☐ akzeptiert sich als Person
- ☐ ist bereit, sich weiterzuentwickeln
- ☐ schätzt die Aktualität und die Breite ihres Fachwissens realistisch ein
- ☐ gibt – wenn es die Situation erfordert – Defizite gegenüber sich selbst und den Mitarbeitern gegenüber zu
- ☐ kann vorausschauend und planend denken und kann dieses verbalisieren

Ihre **fachliche Kompetenz** ergibt sich aufgrund von:

- ☐ Schulbildung
- ☐ Berufsausbildung
- ☐ Zusatzausbildung
- ☐ Beruflicher Fort- und Weiterbildung
- ☐ beruflichen Erfahrungen im einschlägigen Arbeitsgebiet
- ☐ besonderen Kenntnissen

Trifft die Führungskraft – egal welcher Führungsebene – einen Mitarbeiter bei der nichtsachgemäßen Ausführung einer Arbeit an, so muß sie sofort entscheiden, ob und wie sie in die Situation eingreift. Die Beurteilung der unsachgemäßen Arbeitsausführung basiert auf der fachlichen Kompetenz. Das Abwägen und die Entscheidung über das weitere Vorgehen wird der persönlichen Kompetenz zugeschrieben.

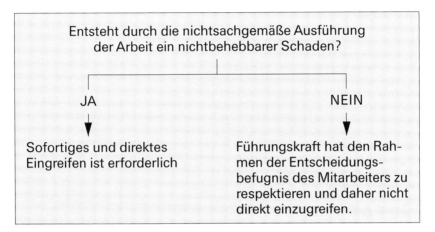

Beobachtet die Führungskraft der mittleren oder unteren Führungsebene mehrmals ein Fehlverhalten oder das unsachgemäße Ausführen einer Arbeit, so hat sie den Vorgesetzten des Mitarbeiters darüber zu informieren. Dieser gibt in einem solchen Gespräch der Führungskraft eventuell fehlende Informationen. Es besteht ja die Möglichkeit, daß eine Handlungsweise des Mitarbeiters – die von der Führungskraft im Moment als falsch beurteilt wird – aufgrund einer besonderen Situation gerechtfertigt ist. Stellt sich jedoch im Gespräch heraus, daß die Handlung des Mitarbeiters falsch war, so kann die Führungskraft auf zweierlei Weise reagieren:

❶ Die Führungskraft macht das aufgetretene Problem zu einem allgemeinen Thema und bespricht es in der Gruppe. Ein Mitarbeiter kann dadurch seine fehlerhafte Handlungsweise in der allgemeinen Themenaufarbeitung wiedererkennen und ändern. Nicht betroffene Gruppenmitglieder werden für das Thema erneut sensibilisiert. Fehlerhafte Handlungsweisen können so von der ganzen Gruppe vermieden werden.

❷ Die Führungskraft fordert die mittlere Führungsebene auf, das aufgetretene Problem direkt mit dem Mitarbeiter zu besprechen. Das Beachten der Hierarchie durch die gehobene Führungskraft (kein direktes Gespräch zwischen gehobener Führungskraft und Mitarbeiter) vermeidet Kompetenzschwierigkeiten.

3. Urteilsfähigkeit

Urteilsfähigkeit auf die Mitarbeiter bezogen
Voraussetzungen für die Beurteilung eines Mitarbeiters sind:

- eine ausgeprägte Menschenkenntnis
- die genaue Kenntnis der Aufgabe des Mitarbeiters

Um situationsabhängig auf die Mitarbeiter eingehen zu können, ist es notwendig, ein **Standortgespräch** zu führen:

☐ Hierbei werden **Stärken und Schwächen des jeweiligen Mitarbeiters** sowohl im fachlichen als auch im menschlichen Bereich herausgearbeitet. Diese sollten dem Mitarbeiter so vermittelt werden, daß er das Gesagte annehmen kann und ihm Entwicklungsmöglichkeiten aufgezeigt werden. Die Führungskraft muß aber immer darauf bedacht sein, daß die Entwicklungsziele des Mitarbeiters mit den Unternehmenszielen korrespondieren.

☐ Erkennt der Vorgesetzte, daß der Mitarbeiter nicht in der Lage ist, seine Entwicklungsziele mit denen des Unternehmens in Übereinstimmung zu bringen, sollte er dem Mitarbeiter Möglichkeiten aufzeigen, aus dem Unternehmen auszuscheiden und seine Ziele woanders zu verwirklichen.

☐ Bei der Beurteilung eines Mitarbeiters muß die Führungskraft immer auch die Stellung des Mitarbeiters im Team berücksichtigen und die Wirkung ihrer Beurteilung auf das Team bedenken.

4. Entscheidungsfähigkeit

Als Führungskraft sollten Sie in der Lage sein, **Entscheidungen in angemessener Zeit** zu **treffen**, wobei dieser Zeitrahmen variabel ist – in Abhängigkeit von der zu treffenden Entscheidung.

☐ So gibt es **Entscheidungen, die innerhalb weniger Minuten getroffen werden müssen**. Hier sollten Sie als Führungskraft keinerlei Unentschlossenheit an den Tag legen, sondern die Entscheidungen unter Einbeziehung aller zu diesem Problem abgespeicherten Informationen sofort treffen und dann diese Entscheidungen auch mit allen Konsequenzen tragen.

☐ Daneben gibt es auch **Entscheidungen, für die mehr Zeit eingeplant werden kann**. Darunter fallen solche Entscheidungen, für die zusätzliche, über die bereits vorhandenen Kenntnisse hinausgehende, Informationen eingeholt werden sollten. Allerdings darf auch eine solche Entscheidung nicht länger hinausgeschoben werden, als es von der Situation her vertreten werden kann.

5. Standfestigkeit

Eine einmal getroffene Entscheidung muß konsequent nach außen vertreten werden. Sie darf nur aufgrund neu gewonnener Erkenntnisse revidiert werden. Zu betonen ist, daß es sich dabei um Erkenntnisse handeln muß, die vor der Entscheidung nicht zu erlangen waren. Bei häufiger Nichteinhaltung von einmal getroffenen Entscheidungen besteht die Gefahr, daß Entscheidungen von den Mitarbeitern nicht mehr ernst genommen werden.

Muß eine Entscheidung revidiert werden, so sind alle Mitarbeiter, die an diesem Entscheidungsprozeß beteiligt waren, auch in die Revision dieser Entscheidung mit einzubeziehen. Dabei ist zu beachten, daß allen Mitarbeitern auch alle neuen Erkenntnisse vermittelt werden, so daß Führungskraft und Mitarbeiter dasselbe Informationsniveau haben. Ist dies der Fall, können alle Mitarbeiter die Aufhebung der alten Entscheidung nachvollziehen. Danach muß eine neue Entscheidung, die die neuen Fakten berücksichtigt, getroffen werden. Es beginnt also ein neuer Entscheidungsprozeß.

6. Merkfähigkeit

Eine Führungskraft muß über ein **gutes Gedächtnis** verfügen, da sie laufend – sozusagen nebenbei – Informationen erhält, insbesondere **verbale und körpersprachliche Signale der Mitarbeiter**. Ist eine rasche Entscheidung erforderlich, so ist sie darauf angewiesen, solche Informationen aus ihrem Gedächtnis abrufen zu können.

7. Echtheit

Echtheit äußert sich darin, **daß Mimik, Gestik und verbales Verhalten eines Menschen übereinstimmen**. Bei einer Führungskraft heißt dies, daß sie die persönliche Einschätzung eines Mitarbeiters in ihrem Verhalten zum Ausdruck bringt. Schätzt die Führungskraft einen Mitarbeiter, so wird sie ihm dies durch ihr echtes Verhalten – das heißt Mimik, Gestik und verbales Verhalten - auch vermitteln.

Echtes Verhalten sollten Sie jedoch auch dann zeigen, wenn Sie einen Mitarbeiter weniger schätzen, sei es aus fachlichen oder aus persönlichen Gründen. In diesem Fall sollten die Gründe für das jeweilige Verhalten mit diesem Mitarbeiter bearbeitet werden. In diesem Bearbeitungsprozeß sollten dem Mitarbeiter Entwicklungsmöglichkeiten aufgezeigt werden. Nimmt er diese Chance wahr, sollten Sie auch Ihr Verhalten dem Mitarbeiter gegenüber ändern. Während eines solchen Bearbeitungsprozesses lernt der Mitarbeiter gleichzeitig, welche Wirkung sein Verhalten auf andere Menschen hat.

☺ **Echtheit**	☹ **Launenhaftigkeit**
☺ Unmut über den Mitarbeiter wird im gemeinsamen Gespräch aufgearbeitet	☹ läßt seinen Gefühlen unreflektiert freien Lauf
☺ macht sich die Wirkung seines Verhaltens auf Mitarbeiter bewußt	☹ ist sich der Wirkung seines Verhaltens nicht bewußt

Im übrigen widerspricht es dem Grundsatz der Echtheit, wenn eine Führungskraft versucht zu vertuschen, daß sie mal einen schlechten Tag hat. Hier zu schauspielern, läßt sich bei einem hohen Arbeitspensum in der Regel auch nicht durchhalten. In einem solchen Fall kann die Führungskraft durchaus einmal auf ihren seelischen Zustand aufmerksam machen und darum bitten, spontan erbetene Gesprächstermine zu verschieben. Dies bedeutet jedoch nicht, daß die Führungskraft ihren Launen nach Gutdünken nachgeben kann. „Schlechte Tage" müssen bei einer guten Führungskraft die absolute Ausnahme bleiben.

8. Offenheit

Offenheit bezieht sich auf den Umgang mit Informationen.

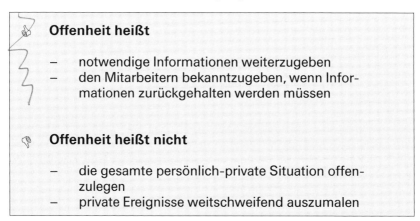

Offenheit heißt

- notwendige Informationen weiterzugeben
- den Mitarbeitern bekanntzugeben, wenn Informationen zurückgehalten werden müssen

Offenheit heißt nicht

- die gesamte persönlich-private Situation offenzulegen
- private Ereignisse weitschweifend auszumalen

Ein solches Verhalten hat oft – bewußt oder unbewußt – nur den Zweck, über das Offenlegen der eigenen (in diesem Fall in der Regel negativen) Gefühlssituation Macht über die Mitarbeiter auszuüben.

9. Aktives Zuhören – Aktives Sehen

Das heißt, die Führungskraft muß in der Lage sein, sowohl im Gespräch mit dem Mitarbeiter als auch in der Gruppendiskussion aktiv zuzuhören und aktiv zu sehen. Damit ist gemeint, daß eine Führungskraft über den reinen Inhalt des Gesprochenen hinaus wahrnimmt, was der Mitarbeiter sagen will. Diese Fähigkeiten geben der Führungskraft die Möglichkeit, auch das zu registrieren, was der Mitarbeiter nicht sagen kann oder was er unter Umständen auch nicht sagen will.

Aktives Zuhören

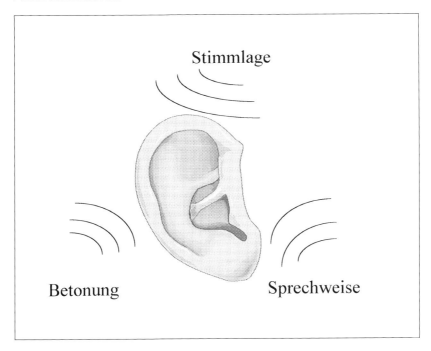

Die Führungskraft teilt die Erkenntnisse, die sie durch aktives Zuhören gewonnen hat, dem Mitarbeiter mit. Sie macht dem Mitarbeiter also deutlich, was er über das rein verbal Gesagte hinaus vermittelt hat. Dabei ist entscheidend, daß die Führungskraft ihre Eindrücke nie als Feststellung wiedergibt, sondern klar sagt, daß sie die Signale, die der Mitarbeiter aussendet, interpretiert hat, verbunden mit der Frage, ob diese Interpretation richtig ist. Diese Vorgehensweise gibt dem Mitarbeiter die Chance, sich weiterzuentwickeln.

Aktives Sehen

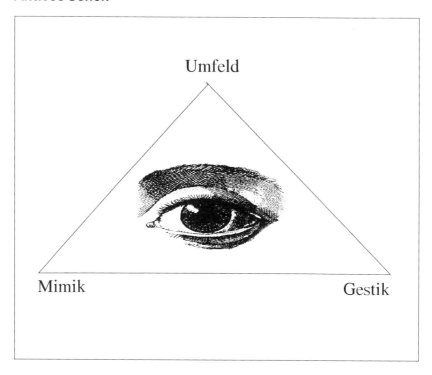

Aktives Sehen ist nicht nur dann erforderlich, wenn Gespräche mit einem Mitarbeiter oder mit einer Gruppe anstehen. Eine Führungskraft setzt diese Fähigkeit auch außerhalb von Gesprächssituationen ein, das heißt, sie erfaßt eine Situation in ihrer Gesamtheit.

Dabei muß sie sich stets darüber im klaren sein, daß sie ihre Eindrücke interpretiert. Sie wird daher diese Interpretationen immer hinterfragen. Konkret bedeutet dies,

– daß sie auf die Mitarbeiter zugeht,
– ihre Eindrücke und deren Interpretation offenlegt und
– Interpretationen gemeinsam mit dem Mitarbeiter hinterfragt.

Dies kann – je nach Situation – entweder sofort oder zu einem späteren Zeitpunkt geschehen. Hier unterscheidet sich das aktive Sehen vom aktiven Zuhören. Beim aktiven Zuhören kann die Führungskraft ihre Interpretationen sofort durch Nachfrage beim Mitarbeiter überprüfen, z.B. mit der Formulierung: „Habe ich Sie eben richtig verstanden, daß…". Dagegen bedürfen die Beobachtungen außerhalb einer Gesprächssituation immer einer Auswertung, haben also ein Gespräch mit dem Mitarbeiter zur Folge.

10. Mut zu Entscheidungen

Entscheidungen müssen auch gegen die Meinung der Mehrheit mit Blick auf das Unternehmensziel getroffen werden. Mut ist besonders dann erforderlich, wenn die anstehenden Entscheidungen mit hohem Risiko behaftet sind.

11. Kritikfähigkeit

Kritikfähigkeit bedeutet

- Kritik in angemessener Weise zu üben,
- Kritik gegen sich selbst anzunehmen.

Kritikfähigkeit gegenüber Mitarbeitern heißt, mit dem Mitarbeiter die positiven und negativen Kritikpunkte herauszuarbeiten.

Es dürfen auf keinen Fall nur die negativen Seiten eines Mitarbeiters angesprochen werden. Dies würde dazu führen, daß der Mitarbeiter diese Kritik nicht annehmen kann. Damit hat die Kritik ihren Zweck verfehlt, weil sie dem Mitarbeiter nicht hilft, sich weiterzuentwickeln.

Sich als Führungskraft kritisieren zu lassen heißt, – im Gegensatz zum Mitarbeiter – einseitig negative Kritik annehmen zu können. Eine Führungskraft sollte das notwendige Urteilsvermögen besitzen und bewerten können, ob die Kritik zutrifft und dann auch entsprechende Konsequenzen ziehen.

12. Konfliktbearbeitung

☑ Checkliste
Stufen der Konfliktbearbeitung
☐ Konflikt erkennen
☐ Konfliktursache ermitteln
☐ Konfliktursache den Mitarbeitern darstellen
☐ Auswirkungen des Konflikts beurteilen und den Mitarbeitern darstellen
☐ Konflikt bezogen auf das Unternehmensziel lösen

Die Bearbeitung von Konflikten setzt voraus, daß die Führungskraft zwischen sachlichen und emotionalen Anteilen, die bei jedem Konflikt eine Rolle spielen, differenzieren kann.

13. Auffassungsgabe

Eine Führungskraft ist in der Lage,

- Informationen schnell zu erfassen,
- Informationen zielorientiert zu erfassen,
- Informationen aus aktivem Zuhören und Beobachten zu gewinnen.

14. Flexibilität

Eine Führungskraft ist fähig, sich rasch

- auf neue Situationen einzustellen,
- auf neue Ziele einzustellen.

15. Einschätzbarkeit/Berechenbarkeit

Erwartungen und Verhaltensweisen einer Führungskraft in bestimmten Situationen müssen für Mitarbeiter einschätzbar und erkennbar sein, damit sie sich auf das Führungsverhalten einstellen können. Dies trägt zur **Selbstsicherheit des Mitarbeiters** und zu erfolgreichem Handeln bei. Die Einschätzbarkeit einer Führungskraft ergibt sich aufgrund der bereits genannten Persönlichkeitsmerkmale.

16. Lebensfreude

Eine Führungskraft sollte über ein hohes Maß an Lebensfreude verfügen.

👍 **Lebensfreude heißt:**

- Sie nimmt die positiven und negativen Seiten des Lebens an
- Sie geht das Leben aktiv an
- Sie wird von Alltagsproblemen nicht beeinflußt
- Sie motiviert ihre Mitarbeiter, ohne sie direkt zu beeinflussen

👎 **Lebensfreude heißt jedoch nicht:**

- Reines Harmoniestreben
- Zudecken von Problemen nur um des „lieben Friedens Willen"

17. Einfühlungsvermögen

👍 **Einfühlungsvermögen heißt**

- sich in die Mitarbeiter hineinzuversetzen,
- die Gefühle der Mitarbeiter nachzuvollziehen
- die Situation aus Sicht der Mitarbeiter zu betrachten und dadurch
- die Mitarbeiter zu akzeptieren
- die Mitarbeiter ernst zu nehmen

👎 **Einfühlungsvermögen heißt nicht**

- den Blickwinkel des Mitarbeiters zu übernehmen
- die Gefühle des Mitarbeiters zu werten

18. Kompromißbereitschaft

Die Fähigkeit, Kompromisse zu schließen, ist immer dann gefordert

- wenn eine Entscheidung getroffen werden muß, die eine Gruppe benachteiligt,
- wenn äußere, nicht beeinflußbare Gegebenheiten ursprünglichen Zielvorstellungen der Führungskraft entgegenstehen.

19. Belastbarkeit

Belastende Situationen haben positive und negative Aspekte. **Bei überwiegend negativ erlebten Situationen** werden die positiven Aspekte hervorgehoben, um das Erlebnis eines Mißerfolges oder das Gefühl der Überforderung für die Mitarbeiter so gering wie möglich zu halten. Nachdem die belastende Situation vorüber ist, darf das Ergebnis nicht unreflektiert bleiben – die positiven Seiten sollten nochmals herausgestellt werden.

Bei übermäßigem Arbeitsanfall kommt es vor allem darauf an, die belastende Situation zu erkennen und dadurch zu mildern, daß **Prioritäten** bei der Bewältigung des Arbeitsanfalls gesetzt werden. Dabei muß akzeptiert werden, daß nicht alle gestellten Aufgaben optimal durchgeführt werden können.

20. Individualität – Soziales Verhalten

Von einer Führungskraft wird gleichzeitig eine hohe Individualität und soziales Verhalten gefordert. Dies stellt in sich einen Widerspruch dar und muß durch die Person in ein Gleichgewicht gebracht werden. Eine Führungskraft sollte sich sicher in diesem Spannungsfeld bewegen.

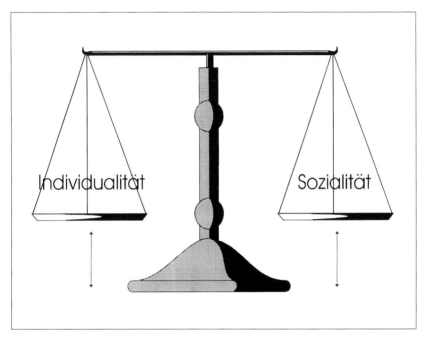

Individualität heißt, die Führungskraft

- ist sich ihrer Eigenschaft als Individuum bewußt
- kennt ihre Wirkung auf andere Menschen
- setzt ihre Individualität ein, um zielorientiert vorgehen zu können

Soziales Verhalten heißt, die Führungskraft

- teilt ihren Erfolg, was auf die Mitarbeiter sehr motivierend wirkt
- trägt Mißerfolge alleine und übernimmt dafür Verantwortung
- ordnet sich in der Gemeinschaft ein, ohne sich unterzuordnen

21. Wertbezug

Eine Führungskraft muß

- sich darüber im klaren sein, welche Werte für ihre Lebensgestaltung bestimmend sind,
- sich mit diesen Werten immer wieder auseinandersetzen und
- diese Werte nach außen deutlich machen.

Die Glaubwürdigkeit des Wertbezugs ist abhängig von der Übereinstimmung zwischen dem tatsächlichen Handeln und den geäußerten Wertbezügen.

22. Geltungsbedürfnis

Eine Führungskraft muß die eigene Macht annehmen und akzeptieren, ohne diese für die Selbstdarstellung zu mißbrauchen. Sie muß sich dieses Geltungsbedürfnisses allerdings bewußt sein, um nicht Entwicklungsmöglichkeiten der Mitarbeiter als Konkurrenz zu empfinden.

23. Initiative

Die Führungskraft sollte **Originalität** und **Ideenreichtum** zeigen. Darauf aufbauend soll sie **Anregungen geben** und entschlußkräftig erste Schritte einleiten. Zur Initiative gehört ein hohes Maß an **Begeisterungsfähigkeit**.

III. Führungsaufgaben

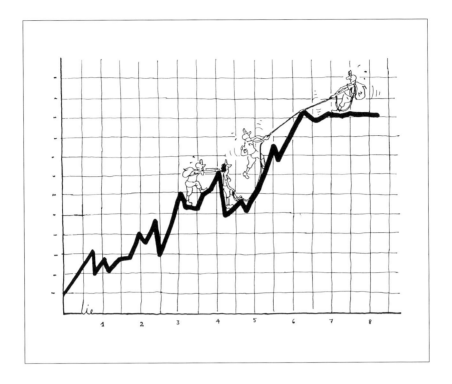

1. Sach- und personenbezogene Führungsaufgaben – Ein Spannungsfeld

Bei der Ausübung von Führungsaufgaben herrscht ein Spannungsverhältnis zwischen sachbezogenen und personenbezogenen Führungsaspekten.

Sachbezogene Führungsaufgaben	Personenbezogene Führungsaufgaben
– Planung – Organisation – Kontrolle	– Mitarbeiterführung – Mitarbeiterüberwachung

☐ Grundsatz ist, daß der sachbezogene Aspekt gleichrangig mit dem personenbezogenen Aspekt einer Aufgabe zu behandeln ist. Beide Aspekte sind gleichwertig.

☐ Sachbezogene Führungsaufgaben sollten weitgehend personenunabhängig sein, also nicht von der ausschließlichen Intention der führenden Person ausgehen. Dagegen sind die personenbezogenen Führungsaufgaben vom Engagement der führenden Person abhängig.

Sach- und Personenbezug sind also gleichzeitig Bestandteil einer Führungsaufgabe. Eine klare Trennung wird in der Praxis kaum möglich sein, theoretisch gilt es jedoch, diese Unterscheidung aufrechtzuerhalten, um eine klare Analyse als Vorbereitung für führungstechnische Entscheidungen durchführen zu können.

Beispiel *Trotz des Fehlers eines Mitarbeiters, den man bei der Kontrolle entdeckt, muß man auf den Menschen im Mitarbeiter wieder eingehen und sich überlegen, wie man ihm den Fehler schonend beibringt und wie er in die Lösung einbezogen werden kann. Dies kann dadurch geschehen, daß der Handlungsablauf durchgesprochen wird, wobei an der entscheidenden Stelle direkt auf den Fehler aufmerksam gemacht wird und eine konkrete Handlungsanweisung ausgesprochen wird. Oder dem Mitarbeiter wird deutlich gemacht, daß das Produkt oder die Dienstleistung im Ergebnis nicht zufriedenstellend ist. Damit wird ein Prozeß der Bewußtmachung eingeleitet, der ihm die Möglichkeit gibt, selbst die eigenen Lösungswege zu finden. Die Entscheidung, welcher der beiden Wege gewählt wird, hängt ab von den persönlichen Dispositionen des Mitarbeiters und seiner hierarchischen Stellung. Egal wie die Entscheidung aussieht, es handelt sich bei diesem Beispiel um einen personenbezogenen Führungsaspekt, der durch eine sachbezogene Erkenntnis ausgelöst wurde.*

Die Analyse und Entscheidung bei der Wahrnehmung von Führungsaufgaben kann auch hierarchieübergreifend geschehen.

Beispiel *Die Pflegedienstleitung legt den Pflegestandard fest. Die Stationsleitung plant, organisiert und kontrolliert den Pflegealltag. Die Pflegedienstleitung wird auf eine zunehmende Patientenunzufriedenheit aufmerksam. Sie überprüft zuerst, ob die Pflegestandards eingehalten werden (sachbezogene Führungsaufgabe). Danach überprüft sie die Mitarbeiter (personenbezogene Führungsaufgabe). Dabei stellt sie Fehler in der Mitarbeiterführung bei der Stationsleitung fest: Von der Stationsleitung wird der personenbezogene Aspekt ihrer Führungsaufgabe vernachlässigt. Nach Rücksprache mit der Stationsleitung nimmt die Pflegedienstleitung für die nächste Zeit an Stationsbesprechungen teil. Ziel der Pflegedienstleitung ist dabei, die Patienten- und Mitarbeiterzufriedenheit zu fördern und die Stationsleitung bei der Mitarbeiterführung zu unterstützen.*

Grundsätzlich ist bei Führungsaufgaben in folgenden Stufen vorzugehen:

❶ **Erkennen des Problems**
Sowohl latente Störfaktoren als auch bereits manifeste Probleme müssen erkannt werden. Viele Mitarbeiter nehmen Störfaktoren gar nicht oder erst dann wahr, wenn es zu massiven Störungen gekommen ist. Um dem vorzubeugen, muß die Führungskraft bei den Mitarbeitern ein Bewußtsein für Störfaktoren schaffen und auf sie aufmerksam machen, wenn sie vorhanden sind.

❷ **Gewinnen der notwendigen Informationen**

❸ **Entwickeln möglicher Lösungen und ihre Bewertung**
Nicht alle Lösungen müssen von der Führungskraft selbst kommen. Auch die Mitarbeiter haben Lösungen anzubieten. Die Führungskraft leistet oft nur Hilfe beim sauberen Durchstrukturieren des Lösungsprozesses. Dies erfordert von ihr hohe Flexibilität, denn sie muß in den Lösungsprozeß in jeder Stufe einsteigen und die Hierarchie der Stufen in auf- und absteigender Linie nachvollziehen können.

❹ **Entscheidung über die durchzuführende Lösung**
Selbständige Entscheidungen (Initiativentscheidungen)
Selbständige Entscheidungen sind Initiativentscheidungen, d.h., **kreative Entscheidungen**. Solche Entscheidungen setzen neue Ziele. Diese Ziele werden von der Führungskraft festgelegt. Damit antizipiert sie bestimmte Entwicklungen ihrer Branche. Solche Initiativentscheidungen ziehen eine Reihe von Anpassungsentscheidungen nach sich. Die Anpassungsentscheidungen erfolgen aufgrund von Daten und Fakten, die von außen wirken und die bereits vorliegen.

In jedem Unternehmen müssen Initiativentscheidungen getroffen werden, wenn es seine Position als innovatives Unternehmen am Markt behaupten will. Werden lediglich Anpassungsentscheidungen getroffen, so läuft das Unternehmen dem Marktgeschehen hinterher.

Unselbständige Entscheidungen (Ausführungsentscheidungen)
Ist nun für den Leistungsempfänger eine bestimmte Leistung zu erbringen und stehen dafür mehrere Alternativen zur Verfügung, so hat der Mitarbeiter eine Ausführungsentscheidung zu treffen. Im Sozialbereich liegt gerade hier die Hauptschwierigkeit, weil der Mitarbeiter mit Menschen und nicht mit Sachen zu tun hat. Nun liegen – wenn es um Menschen geht – nie alle Daten und Fakten auf dem Tisch, denn jeder Mensch reagiert anders. Vom Mitarbeiter wird also ein hohes Maß an persönlicher Kompetenz verlangt. Das heißt, er muß über die notwendigen Gesprächsführungstechniken verfügen, um die ihm unbekannten Daten und Fakten zu erfragen. Er muß auf Veränderungen der Datenbasis flexibel reagieren. Erst dann kann er qualifizierte Ausführungsentscheidungen treffen.

Hat der Mitarbeiter hohe Defizite im Bereich der persönlichen Kompetenz, so kann er die Fakten nicht ermitteln. Hat er zusätzlich auch noch fachliche Defizite, d.h., er weiß über die möglichen Alternativen der Leistungserbringung erst gar nicht Bescheid, so ist er nicht in der Lage, eine korrekte Ausführungsentscheidung zu treffen. Die Folge ist, daß der Mitarbeiter häufig der Führungskraft die Entscheidung überläßt. Dies wiederum führt beim Mitarbeiter zu dem Gefühl, unselbständig zu sein und damit zur Frustration.

Eine weitere Schwierigkeit bei der Ausführungsentscheidung im Sozialbereich liegt darin, daß diese häufig von einem Mitarbeiter ohne Einbeziehung der Kollegen getroffen wird. Da im Sozialbereich jedoch in der Regel in der Gruppe gearbeitet wird, müssen alle anderen Mitglieder die Auswirkung einer Einzelentscheidung mittragen. Dazu kommt, daß die übrigen Beteiligten von einer Einzelentscheidung meist nicht einmal etwas wissen – oder nur durch den Leistungsempfänger informiert werden – und sie dann aufgrund der vorliegenden Situation auf die ihnen unbekannte Einzelentscheidung rückschließen müssen.

Der Rückgriff auf EDV ist im Sozialbereich noch nicht überall üblich, aber zunehmend denkbar. Er kann bestimmte Alternativen zur Entscheidung aufzeigen. Durch die hohe Komplexität der Zusammenhänge bei der Zielgruppe entbindet dies den einzelnen Mitarbeiter jedoch nicht davon, die Ausführungsentscheidung persönlich zu treffen.

Das Gefühl, für den Leistungsempfänger verantwortlich zu sein, kann sowohl zur Motivation als auch zur Demotivation der Mitarbeiter beitragen. Häufig steht jedoch die Angst, Entscheidungen zu treffen, im Vordergrund. Dies hängt mit der Angst vor dem persönlichen Mißerfolg zusammen.

2. Sachbezogene Führungsaufgaben

2.1 Planung

> **! Definition**
>
> Unter Planung verstehen wir die gedankliche Vorbereitung zur Realisierung der Unternehmensziele mit Hilfe von Strategien, Strukturen und Formen. Die Planung ist also ein Instrument zur Transformation der Unternehmensziele in den betrieblichen Alltag. Die Planung muß daher die Qualität haben, bis zur kleinsten produzierenden Einheit des Unternehmens eine Vorstellung von den dort verfolgten Zielen zu geben.
>
> Einfacher ausgedrückt, definiert Planung die Ziele und den Weg, sie zu erreichen.

Der Planungsprozeß hat folgende **Komponenten**:

- Aktionsrahmen
- Teilziele
- Unternehmensziele
- Leitbild

Aktionsrahmen
Der Mitarbeiter, der eine Planung umsetzen oder bei der Planung selbst mitwirken soll, muß wissen, in welchem Rahmen er diese Planung bewerkstelligen kann.

Hierzu werden **Planungsrahmendaten** festgelegt, die Grundlage der gesamten Planung des Unternehmens sind.

Die **Komponenten des Aktionsrahmens** sind:

- **Periodenabgrenzung**
  Sie gibt den **Zeitraum** an, **für den die zu erstellende Planung gelten soll**, also beispielsweise ein Jahr, ein halbes Jahr, ein Vierteljahr.

- **Bereichsabgrenzung**
  Sie gibt Aufschluß darüber, welche Bereiche des Gesamtunternehmens in die Planung einbezogen sind, also **für welche Bereiche die Planung gilt**.

- **Sachliche Bedingungen**
  Sie geben Aufschluß darüber, welche Sachbedingungen der Planung zugrundegelegt werden. Dies sind im einzelnen die sich permanent ändernden **wirtschaftlichen und räumlichen Bedingungen**, etwa die Veränderungen von Personalquantitätsschlüsseln, die Bedingungen von Pflegesatz und Pflegesatzrecht, die Fragen der Versorgungsqualität und des Versorgungsraumes, etwa der Raum eines Landkreises und die fakultative Versorgungsstruktur, die versorgungstechnische Anbindung.

- **Personalpolitische Bedingungen**
  Sie beschreiben **Personalquantität**, d.h. die Zahl der Mitarbeiter, **Personalqualität**, d.h. den Ausbildungsstandard der Mitarbeiter und **Kompetenzniveau**, d.h. die persönliche und fachliche Kompetenz der Mitarbeiter.

Beispiel   Komponenten des Aktionsrahmens

In einer Rehabilitationsklinik soll ein neues Dokumentationssystem entwickelt werden. Die Bedingungen werden folgendermaßen benannt:

❶ *Der zur Verfügung stehende Zeitraum wird mit einem Jahr angegeben (Periodenabgrenzung).*
❷ *Alle an der Rehabilitation des Patienten beteiligten Bereiche sollen in die Entwicklung einbezogen werden. Das schließt in diesem Fall den ärztlichen Bereich, den Pflegebereich, alle Therapeutengruppen und die EDV-Abteilung ein (Bereichsabgrenzung).*
❸ *Das Dokumentationssystem soll manuell handhabbar und später in die EDV integrierbar sein. Zudem sind Kommunikationsfunktionen zu erfüllen und es ist den fachlichen Anforderungen zu entsprechen. Daneben soll die Ableitung konkreter wissenschaftlicher Auswertungskriterien und die Berücksichtigung der Abrechnungskriterien möglich sein (sachliche Bedingungen).*
❹ *Hierarchische Kriterien sollen bei der Auswahl der an der Entwicklung beteiligten Mitarbeiter Priorität haben. Diese Mitarbeiter können dann vor ihren geplanten Entscheidungen auf ihren eigenen Fachbereich als Kontrollgruppe zurückgreifen (personalpolitische Bedingungen).*

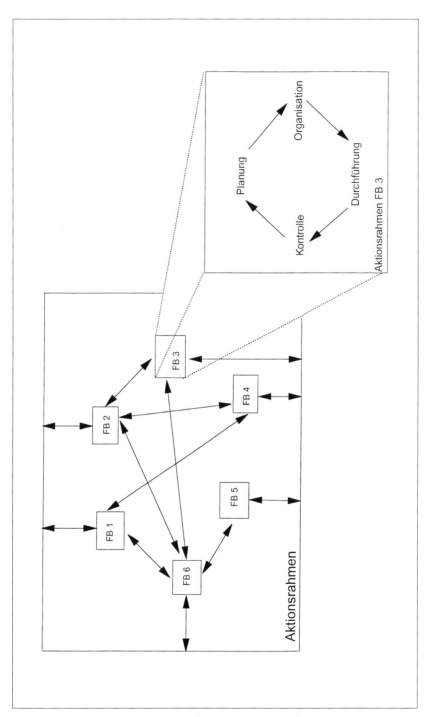

Abb. 1: Wechselwirkungen zwischen Aktionsrahmen

Die Grafik auf S. 39 zeigt, daß unterschiedliche Fertigungsbereiche – wie z.B. Ergotherapie, Stationen oder Verwaltung – jeweils einen eigenen Aktionsrahmen haben. Innerhalb dieses Rahmens kommt eine Problemlösung durch den Regelkreis Planung – Organisation – Durchführung – Kontrolle zustande. Die Entscheidungen werden durch Wechselwirkungen mit anderen Bereichen beeinflußt. Außerdem löst der Aktionsrahmen Wechselwirkungen mit anderen Bereichen aus.

Beispiel *In einem Krankenhaus soll die gemeinsame Weihnachtsfeier mehrerer Stationen von den Mitarbeitern selbst organisiert werden. Die Pflegedienstleitung delegiert also diese Aufgabe an eine Stationsleitung. Sie geht davon aus, daß das Budget, das in den vergangenen Jahren zur Verfügung stand, bekannt ist. Die Mitarbeiter beschließen, daß die Besonderheit dieser Weihnachtsfeier ein festliches Essen sein soll. Die Weihnachtsfeier wird ein voller Erfolg. Die Stationsleitung erkennt erst danach, daß sie das Budget überzogen hat. Im Gespräch mit der Pflegedienstleitung wird festgestellt, daß der Aktionsrahmen – besonders die sachlichen Bedingungen – nicht klar benannt war. Beide Seiten erkennen, daß sie unterschiedliche Aktionsrahmen vor Augen hatten. Es besteht nun die Gefahr, daß bei den Mitarbeitern Demotivation entsteht und sie in Zukunft keine Weihnachtsfeiern mehr gestalten wollen. Hier gibt es also eine Wechselwirkung zum Aktionsrahmen der Pflegedienstleitung, der die Mitarbeitermotivation betrifft.*

Teilziele
Teilziele sind die Ziele der kleinsten produzierenden Einheit, das heißt, die Ziele der untersten Führungsebene im Unternehmen.

> **Beispiele für Teilziele**
>
> ❶ *Budgeteinhaltung bei Pflegehilfsmitteln. Es müssen stets das Oberziel Pflegequalität im Auge behalten und die Mitarbeiter geschult werden.*
>
> ❷ *Als Teilziel kann angestrebt werden, daß die Bewohner einer Einrichtung den kulturellen Veranstaltungen eine höhere Akzeptanz entgegenbringen.*
>
> ❸ *Beim Oberziel einer geriatrischen Rehaeinrichtung „Der Mensch steht im Mittelpunkt und ist das Wichtigste" kann ein Teilziel heißen: Einführung eines Aufnahmegesprächs als Grundlage für die weitere Planung. Im Aufnahmegespräch soll dann z.B. zur Sprache kommen, welchen Beruf der alte Mensch hatte, welchen Beruf seine Kinder erlernt haben und was aus ihnen geworden ist. Insgesamt gilt es, den Bewohner oder Patienten als Mensch kennenzulernen, um das Defizit, das er durch die Behinderung hat, einschätzen zu können.*
>
> ❹ *Eine Einrichtung in der Öffentlichkeit bekannt zu machen, kann ebenfalls ein Teilziel sein. Ein Weg dahin kann in diesem Zusammenhang die stärkere Einbindung der Presse sein.*

Es sind die Ziele, die **im Alltag die höchste Orientierungsqualität** haben. Sie sollten deshalb

- [ ] **sektoral** abgegrenzt sein, das heißt, genau Auskunft darüber geben, für welche produzierende Gruppe im Unternehmen sie gelten.

- [ ] **periodisch** sein, das heißt, regelmäßig überprüft, modifiziert und angepaßt werden. Damit sind Teilziele dynamische Ziele.

- [ ] **konkret** sein, so daß sie für den einzelnen Mitarbeiter im Unternehmen anschaulich, begreifbar und umsetzbar sind.

Beispiel Für Außenwohngruppen im Sucht- oder Behindertenbereich (sektorale Abgrenzung) werden folgende Teilziele formuliert: eine selbständige Lebensführung in der Wohngemeinschaft, Integration in die Gruppe, Übernahme von Gemeinschaftsaufgaben. Diese Teilziele sollen innerhalb des nächsten halben Jahres erreicht werden (periodische Abgrenzung). Konkret heißt dies: die Einhaltung vorgegebener Tagesstrukturen, die Erledigung der übertragenen Aufgaben der Haushaltsführung (konkrete Abgrenzung).

Unternehmensziele
Unternehmensziele sind eine **Zusammenfassung der Teilziele der kleinsten produzierenden Einheiten** und damit aller produzierenden Einheiten. **Die Leitung**

- muß vorgeben, was produziert werden soll
- muß die Teilziele dementsprechend zum Unternehmensziel zusammenfassen.

Deshalb gilt für Unternehmensziele folgendes:

☐ Sie müssen **konkretisiert** werden für das ganze Unternehmen, wenn der Mitarbeiter in seinem Teilziel die konkretisierte Form der Unternehmensziele erkennen soll.

☐ Sie sollen dem Mitarbeiter **Orientierung** bieten.

☐ Sie müssen von den Mitarbeitern **akzeptiert** werden können sowie **umsetzbar** und **erreichbar** erscheinen.

☐ Sie sollen **Anknüpfungspunkte zur Identifikation** bieten.

☐ Sie bedürfen der **periodischen Überprüfung**.

☐ Sie haben darüber hinaus eine **personalpolitische Aussage** zu beinhalten, die etwa die Kompetenzentwicklung der Mitarbeiter im Unternehmen als Planungsansatz definiert. Darunter fallen Fort- und Weiterbildung, Veränderung von Ausbildungsbildern, Berufsbildern sowie von Berufszweigen.

Je nach Aktionsrahmen können Teilziele entwickelt werden, die eine Überprüfung des Unternehmensziels notwendig machen. So kann es z.B. vorkommen, daß die Bedürfnisse des Klientels die Produktion steuern und dadurch die Unternehmensziele beeinflußt werden. Die Führung muß derartige Entwicklungen aufmerksam verfolgen und die Wirkungen auf die Teilziele überprüfen und eventuell eingreifen. Wenn sie die Veränderung der Unternehmensziele anerkennt, muß sie dafür sorgen, daß die Mitarbeiter diese Veränderungen entsprechend in ihre Teilziele einarbeiten.

Durch die Mitarbeiter oder das Klientel formulierte neue Bedürfnisse müssen aber nicht zwangsläufig zu den Unternehmenszielen hinzugefügt werden, nur weil das Leitbild eventuell vorgibt, den Bedürfnissen des Klientels aufmerksam gegenüberzustehen.

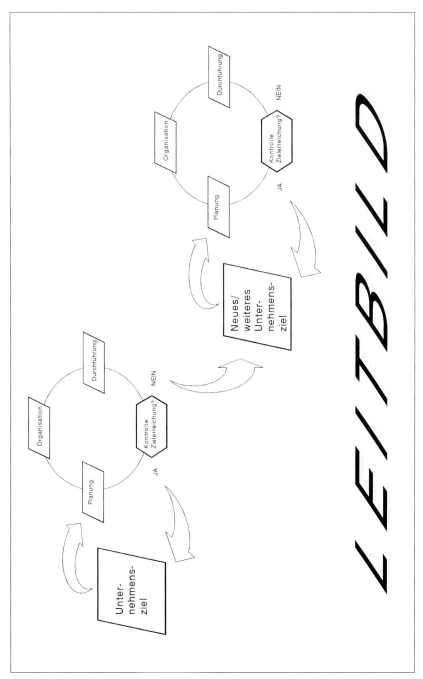

Abb. 2: Dynamik von Unternehmenszielen

In der Grafik auf S. 43 wird die Dynamik von Unternehmenszielen dargestellt. Ergibt die periodische Überprüfung einen Mangel in der Zielerreichung, kann sich daraus die Formulierung eines weiteren, neuen Unternehmensziels ergeben. Weiterhin wird verdeutlicht, daß das Leitbild das Fundament der Arbeit sein kann, aber nicht zwingend sein muß. Im Sozialbereich ist es jedoch nicht vorstellbar, daß ein Unternehmen ohne Leitbild, das heißt, ohne ethisch-moralische Wertvorstellungen auskommt.

Leitbild
Leitbilder sind für ein Unternehmen Vorstellungen, die den Sinn des Handelns im Unternehmen auf eine moralisch-ethische Dimension bringen sollen. Sie sind also gewissermaßen der **Wertbezug des Unternehmens**.

> **Leitbilder geben stets Antworten auf die Fragen:**
>
> Warum arbeitet das Unternehmen überhaupt?
>
> Worin unterscheidet sich das Unternehmen von anderen Unternehmen gleicher Produktionszweige?

Leitbilder schaffen eine **Werteskala** für das Unternehmen und sind damit für die Menschen im Unternehmen **Orientierungshilfen**. Sie sind nicht zu verwechseln mit den Zielen, die erreichbar und sofort umsetzbar sind. Sie bleiben immer Vorstellungen, deren Erreichbarkeit eine ideelle Komponente enthält. Leitbilder haben deshalb **zwei Bedingungen** zu erfüllen:

☐ Sie müssen **visionär** sein. Diese Vision muß für jeden im Unternehmen zwar begreifbar, aber nicht in allen Teilen erfüllbar sein. Sie enthält einen Wert, der zwar erstrebenswert, aber eben wegen der Unzulänglichkeit des Alltags nur teilweise oder ansatzweise erreichbar ist. Leitbilder beschreiben einen Idealzustand, der in der Wirklichkeit nicht realisierbar ist.

☐ Sie müssen **abstrakt** sein. Leitbilder von Unternehmen können keine Auskunft darüber geben, wie sie umgesetzt werden können. Die Konkretisierung findet ja erst in den Unternehmens- und Teilzielen statt. Durch die Abstraktion ist das Leitbild zwar mit Hilfe der konkreten Unternehmens- und Teilziele teilweise, aber nie vollkommen erreichbar. Die Umsetzung des Leitbildes behält somit ihren Reiz und macht das zielgerechtere bzw. leitbildorientiertere Handeln noch möglich.

Fazit
Planung stellt, wie in der Definition zu Beginn des Kapitels erläutert, einen Ansatz und noch keinen Prozeß dar, der jedem Menschen im Unternehmen von der konkreten Zielvorstellung seiner Tätigkeit bis hin zu der Abstraktion des Leitbilds Orientierung unterschiedlichen Grades bietet. Sie ist somit eine Art Zielpyramide, die alles beinhaltet.

```
                         LB
                      visionär
                      abstrakt

                   UZ   UZ   UZ
                      konkret
                     periodisch
                      sektoral
                   personalpolitisch

                 TZ  TZ  TZ  TZ  TZ
                  sektoral abgegrenzt
                       periodisch
                        konkret

                   A k t i o n s r a h m e n

LB = Leitbild; UZ = Unternehmensziel; TZ = Teilziel
```

Für die Führungskraft wird Planung zu einem Prozeß, wenn nach beendeter Planung begonnen wird, Mitarbeitern die Ideen zu präsentieren und die Realisierung der Ziele beginnt. Planung ohne Einbeziehung der Mitarbeiter ist nur auf die oberste Führungsebene beschränkt.

> **! Merke**
>
> ❶ Wichtig ist, daß sich die Planung **am Bedarf orientiert** und dieser erkannt wird. Hierzu gehört sowohl der Bedarf, der sich aus den inneren Strukturen des Unternehmens selbst ergibt als auch der Bedarf, der durch die äußere Situation (Markt usw.) vorgegeben ist.
>
> ❷ Darüber hinaus gehört zur Planung, **den künftigen Bedarf**, der zur Zeit noch gar nicht offensichtlich ist, aufgrund genauer Beobachtung der Entwicklung zu **antizipieren**. Dabei ist zu berücksichtigen, daß das Handeln des Unternehmens selbst wiederum Einfluß auf die Entwicklung des Bedarfs hat.

Zu dem am Ende des planerischen Prozesses vorliegenden Programm ist noch folgendes zu bemerken: Ergebnis der Planung ist ein Raster, das die notwendigen Einzelschritte aufzeigt. Zusätzlich aber sollte die Führungskraft gedanklich über eine über das Raster hinausgehende Planung verfügen, das heißt, sie kennt alle kritischen Punkte und hat Strategien parat, die im Fall eines kritischen Ereignisses angewendet werden können.

Die jeweils nachgeordnete Führungsebene ist für die Umsetzung des Unternehmensziels in Teilziele entsprechend ihrem Aufgabenbereich zuständig. Sie übernimmt

- die gedankliche Vorbereitung einschließlich der Erstellung eines Rasters,
- informiert die Mitarbeiter über die Umsetzung des Programms und bindet sie in die Durchführung ein,
- achtet darauf, daß die Ziele, die hinter den Ausführungen stehen, den Mitarbeitern bewußt bleiben.

Aufgrund von Umfang und Zahl von Umsetzungsprozessen läßt sich auf das **Führungskonzept eines Unternehmens** schließen. Umsetzungsprozesse nennt man auch Transformationsprozesse. Gibt die Führungsspitze, also das Top-Management abstrakte breite Ziele vor, so sind weitreichende Transformationsprozesse erforderlich. Formuliert die Führungsspitze die Aufgaben sehr eng und präzise, ohne den Mitarbeitern großen Handlungsspielraum zu lassen, so sind die Transformationsprozesse bereits während der Planungsphase von der Führungsspitze auszuführen. Die Transformationsprozesse sind in diesem Fall bei der Führungsspitze angesiedelt. Der Mitarbeiter wird somit nicht einbezogen. Diese Vorgehensweise bedingt eine exakte Feinplanung durch die Führungsspitze. Jeder auftauchende Fehler wird nämlich sofort der Führungsspitze angelastet. Auf der einen Seite hat der Mitarbeiter vordergründig Sicherheit, weil sich seine Arbeit praktisch darauf reduziert, konkrete Anweisungen auszuführen. Auf der anderen Seite wirkt die beschriebene Vorgehensweise der Führungsspitze jedoch auch demotivierend auf die Mitarbeiter.

2.2 Organisation

> **! Definition**
>
> Organisation ist das sachbezogene Instrumentarium der Führung zur Sicherung der in der Planung enthaltenen Ziele mit den Mitteln des Aufbaus eines Unternehmens und des Ablaufs der Tätigkeiten in einem Unternehmen.

Organisation beschreibt also entweder Grenzen oder Inhalte einer bestimmten Funktion innerhalb des Unternehmens bzw. das Zusammenwirken aller Funktionen eines Unternehmens.

> **! Merke**
>
> Die Organisation muß zunächst Aufbau und Ablauf, also das Zusammenwirken sichern, danach können die personellen Ressourcen berücksichtigt werden. Konkret bedeutet dies, daß eine Organisation unter dem Aspekt der Sicherung der Gesamtfunktion, der Teilfunktion und der Funktion der kleinsten produzierenden Einheit des Unternehmens entsteht. Erst wenn diese Funktionalität gesichert ist, kann der personelle Aspekt, also der Mensch, mit den Organisationsansätzen kombiniert werden. Der Mensch hat Anspruch auf Berücksichtigung seiner Individualität und sollte deshalb einen Einsatz finden, bei dem Funktionalität der Aufgabenstellung des Unternehmens und Individualität der Person möglichst genau zusammenpassen. Wird dies erreicht, ist eine Idealkombination entstanden, für die es keine brauchbare Alternative gibt.

Der Organisation erwachsen **zwei grundsätzliche Aufgabenstellungen**, nämlich:

- die Aufteilung der Entscheidungsaufgaben
- Koordinierung und Abgrenzung

Aufteilung der Entscheidungsaufgaben
Darunter verstehen wir, daß alle Entscheidungsaufgaben, die es in einem Unternehmen gibt,

- organisatorisch erfaßt werden,
- einer bestimmten Führungsebene zugeordnet werden und
- die Aufteilung nach den Prinzipien zentraler oder dezentraler Entscheidungslokalisation erfolgt.

Adäquate Mischformen aus zentraler und dezentraler Aufteilung von Entscheidungsaufgaben sind denkbar, müssen aber in der Organisation beschrieben werden.

- **Das Modell der zentralen Entscheidungslokalisation** sieht vor, daß die Vorbereitung von Entscheidungen in einem zentralen Entscheidungsprozeß endet. Der Entscheidungsträger ist also in einer Zentralfunktion der Organisation und diese ist sowohl hierarchisch wie funktional nach dem zentralen Modell der Entscheidungserledigung angesiedelt.

- **Dezentrale Entscheidungslokalisation** liegt vor, wenn die Entscheidungsaufgaben über die gesamte Organisation nach Funktionen verteilt stattfinden. Der dann noch vorhandene Rahmen ist bestenfalls der unter Planung beschriebene. Die Funktionalität bestimmt ausschließlich die Aufteilung der Entscheidungsaufgaben.

Beispiel *Die Aufstellung eines Budgets für ein Pflegeheim erfolgt zentral in der übergeordneten Ebene der Hauptverwaltung durch den zuständigen Ressortleiter. Zur Entscheidungsvorbereitung über die Budgethöhe werden Experteninformationen vom Pflegeheim direkt eingeholt. Die Entscheidung über die Budgethöhe und die Kontrolle des Mitteleinsatzes wird zentral gesteuert. Bei einer dezentralen Organisation ist das zuständige Rechnungswesen auf der Heimebene angesiedelt. Es entscheidet aufgrund seiner Funktion für diese Einrichtung über die Budgethöhe. Diese Daten werden an die zentrale Hauptverwaltung weitergeleitet, wo sie in ein Gesamtbudget integriert werden.*

- In der Praxis spielen sehr oft **Mischformen aus Zentralisation und Dezentralisation** eine bedeutende Rolle. So gibt es die Mischform, die den zentralen Ansatz der Schaffung von Rahmenbedingungen für das Gesamtunternehmen zum Inhalt hat, aus dessen Ansätzen die Dezentralisationsentscheidungen getroffen werden können, also die Entscheidungsaufgaben funktional dort bleiben, wo sie organisatorisch angesiedelt sind, aber einen Rahmen berücksichtigen, der zentral geschaffen worden ist.

Beispiel *Das Budget für die einzelnen Bereiche wird zentral festgelegt. Die Entscheidungen über die Mittelverwendung im Rahmen dieses Budgets werden dezentral getroffen.*

Koordinierung und Abgrenzung

Koordinierung heißt, die Einzelfunktionen eines Unternehmens

- zielorientiert aufeinander abzustimmen,
- zusammenzufügen und
- zu einer Einheit zu formen.

Abgrenzung heißt, dafür zu sorgen, daß jede Funktion

- ihre Grenzen kennt und
- ihre jeweils gestellte Aufgabe auch erfüllen kann und somit
- das Zusammenwirken erleichtert wird.

Koordinierung wird durch Abgrenzung erreicht: Nur wenn eine Funktion ihre Grenzen genau kennt, kann an dieser Stelle die Koordinierung mit der Nachbarfunktion erfolgen.

Beispiel *Einem Arzt der unteren Leitungsebene in einer AHB-Klinik soll aufgrund schlechter fachlicher Leistungen gekündigt werden. Im Vorfeld müssen Abmahnungen geschrieben werden.*

Die Organisationsstruktur der AHB-Klinik sieht wie folgt aus:
1. Führungsebene: Verwaltung/Geschäftsführung
2. Führungsebene: Leitende Ärzte
3. Führungsebene: Therapeuten, Pflegedienst, Ärzte

Um das Vorhaben durchsetzen zu können, muß eine genaue Abgrenzung der Aufgaben erfolgen. Wichtig ist, daß eine Einigung zwischen den Ebenen Verwaltung und leitende Ärzte erzielt wird über die Vorgehensweise und das Ziel, ob man bei schlechter Leistungserbringung auf dem Rechtsweg überhaupt Aussicht auf Erfolg hat.

Hierzu muß die Verwaltung ihre juristischen Berater konsultieren. Die Verwaltung muß dann z.B. den leitenden Ärzten fachlich vorgeben, wieviele Abmahnungen benötigt werden und welche Inhalte überhaupt Aussicht auf Erfolg bei einer Klage des betroffenen Mitarbeiters haben. Abzugrenzen ist, ob die Abmahnung durch die Verwaltung oder den direkten Vorgesetzten formuliert wird. Es muß hier das gegenseitige Anerkennen der Fachkompetenz einerseits im medizinischen Bereich, andererseits im Verwaltungsbereich bestehen. Die Ärzte müssen akzeptieren, daß eine Kündigung immer durch den Arbeitgeber, in diesem Fall die Verwaltung, ausgesprochen wird. Sie müssen sich andererseits ihrer Rolle bewußt werden, daß nur sie die Auslöser für diese Kündigung sein können, da die Verwaltung nicht die nötige Kompetenz in medizinischer Hinsicht besitzt. Abzuklären ist somit die Hauptfrage: Wer macht was? Eine kooperative Zusammenarbeit kommt dann zustande, wenn Verwaltung und leitender Arzt einen gemeinsamen Weg zum Ziel suchen.

Diese Ebenen sind in einem modernen Unternehmen jedoch nicht nur hierarchisch gegliedert, sondern auch zusätzlich untereinander vernetzt.

Innere Vernetzung durch Expertenkonferenzen
Die moderne Unternehmensführung bezieht in ihre Meinungsbildung das Wissen aus allen Ebenen des Unternehmens ein. Das geeignete Instrument hierfür ist die Einrichtung von Expertenkonferenzen mit einem übergeordneten Leitungsgremium.

Vernetzung in der Expertenkonferenz

Leitungsgremium (2. Führungsebene)	
Auswahl und Benennung der Experten nach persönlicher und fachlicher Kompetenz	– Leitender Angestellter berichtet dem Leitungsgremium über die in der Expertenkonferenz ausgearbeiteten Vorschläge
	– entscheidet über die Umsetzung der Expertenvorschläge oder ob diese den Organen vorgelegt werden müssen

Expertenkonferenz (Experten aus der 3. und 4. Führungsebene)
– bereiten mit ihrem Fachwissen Entscheidungen vor
– werden je nach Aufgabenstellung von externen Beratern unterstützt

Ein Mitglied der Expertenkonferenz wird dem Leitungsgremium Bericht erstatten. Klappt dieser Informationsweg nicht, so kann dies auf zwei Gründe zurückzuführen sein.

❶ Die zweite Führungsebene hat aus der dritten oder vierten Ebene einen Mitarbeiter gewählt, der die Informationsweitergabe nicht beherrscht (Defizite in der fachlichen und/oder persönlichen Kompetenz). Damit offenbart sich allerdings auch bei der zweiten Führungsebene eine Führungsschwäche, das heißt, der leitende Angestellte erweist sich als unfähig, personenbezogen und/oder sachbezogen richtig zu delegieren.

❷ Die zweite Führungsebene räumt den Experten für die Berichterstattung keinen Raum ein. Damit wird wiederum ein Defizit der zweiten Führungsebene deutlich, die offensichtlich nicht in der Lage ist, den Einfluß von Expertengruppen auf Entscheidungen der Unternehmensspitze zu beurteilen.

Die Führungskraft wird bei der Vorbereitung ihrer Entscheidungen nicht nur die leitenden Angestellten über das Leitungsgremium und das gesamte Fachwissen des Unternehmens über die Expertenkonferenzen heranziehen, sondern sie wird alle Mitarbeiterinnen und Mitarbeiter an diesem Prozeß teilhaben lassen. Dies erreicht sie durch Einbeziehung der Mitarbeitervertreter sowohl in die Expertengremien als auch in das Leitungsgremium. Dadurch werden auch die Mitarbeiter an der Basis an der Entscheidungsvorbereitung mittelbar beteiligt, was dazu führt, daß die Basis eine von der Unternehmensspitze getroffene Entscheidung mittragen und damit engagiert ausführen kann.

Die Einrichtung von Expertenkonferenzen sowie eines Leitungsgremiums eröffnet nicht nur die Möglichkeit, das ganze Wissen eines Unternehmens zu aktivieren. Die Expertenkonferenzen geben der Unternehmensspitze Gelegenheit zur Überwachung. So wird die Unternehmensspitze gleichzeitig ihrer Aufgabe als oberstes Leitungsorgan gerecht. Indirekt ist so eine Kontrolle der zweiten Führungsebene möglich. Sitzen in den Expertenkonferenzen die falschen Leute, so zeigt sich, daß das Führungsverhalten der leitenden Angestellten Defizite aufweist. Diese Art der Entscheidungsvorbereitung ist zwar durchaus zeitaufwendig, hat aber zwei unbestreitbare Vorteile:

Vorteile der Entscheidungsvorbereitung in Expertenkonferenzen

❶ Die Entscheidungen werden fundiert getroffen.
❷ Alle Führungsebenen wie auch die Mitarbeiter sind in die Entscheidungsvorbereitung mit einbezogen. Damit ist gewährleistet, daß alle die Entscheidung mittragen, hoch motiviert sind und die Aufgaben engagiert durchführen.

Aufbauorganisation
Die Aufbauorganisation

- beschreibt die Schichtung der einzelnen Führungsebenen des Unternehmens,
- stellt die Abgrenzung zur Nachbarorganisation dar und
- beschreibt die Übergänge der Führungsebenen unter Parallelorganisationen.

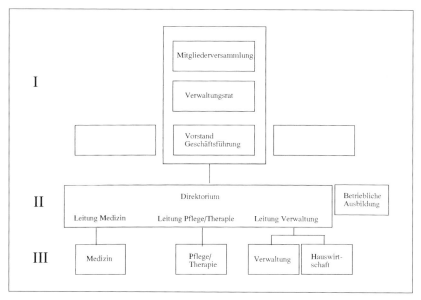

Abb. 3: Organigramm

Wie aus obiger Grafik ersichtlich ist, gehören **zur ersten Führungsebene** immer die **Organe**. Das können z.B. Verwaltungs- oder Aufsichtsrat, Kuratorium oder auch ein Diakonissen-Mutterhaus sein. Es können sich auch mehrere Organe auf einer Führungsebene befinden. Meist sind dies neben den eben genannten Aufsichtsgremien der Vorstand oder die Geschäftsführung.

Auf der zweiten Führungsebene finden sich je nach Grad der Zentralisation die **leitenden Angestellten**. Dies kann z.B. bei Vorhandensein einer zentralen Hauptverwaltung der Geschäftsführer sein. Bei nicht vorhandener Zentralverwaltung bildet die Leitung der Einrichtung die zweite Führungsebene. Dies kann auch ein Direktorium aus mehreren Personen sein.

Bei hohem Zentralisationsgrad wäre dagegen die Leitung der Einrichtung erst auf der **dritten Führungsebene** angesiedelt. Bei hoher Dezentralisation könnte die dritte Führungsebene dagegen die Leitung eines Fertigungsbereiches, z.B. der Pflege, sein.

In manchen Fällen ist es sinnvoll, eine **vierte Führungsebene** zu definieren. Dies wäre z.B. die Leitung einer Station im Krankenhaus.

Damit wird erreicht, daß die Funktionalität der Entscheidungsaufgaben aus dem grafisch dargestellten Modell einer Aufbauorganisation für jedermann deutlich erkennbar und auch die Abgrenzung zu der gleichen Führungsebene einer Nachbarorganisation nachvollziehbar wird. Erst wenn diese Bedingung erfüllt wird, ist beispielsweise die Koordinierungsleistung zwischen zwei Organisationseinheiten auf der gleichen Führungsebene möglich, ein Zustand, der in der Praxis wegen des Mangels an organisatorischen Intentionen bisweilen große Probleme verursacht.

Die Aufbauorganisation beschreibt also die im Unternehmen vorhandenen Führungsebenen und Funktionen und gleichzeitig das Ausmaß der Zentralisation oder Dezentralisation.

Ablauforganisation
Die Gestaltung von Arbeitsprozessen ist Thema der Ablauforganisation. Dazu gehört die Beschreibung der einzelnen Funktionen im Unternehmen, entweder

- mit deren Aufgabeninhalt und Aufgabenspielraum oder
- mit deren Delegationsrahmen oder
- mit deren marginaler Abgrenzung.

Die Ablauforganisation soll demnach Auskunft darüber geben, wie die Einzelfunktion im gesamtfunktionalen Bild der Organisation – auch hierarchisch – eingebaut ist. Dies ist für den Menschen, der diese Funktion wahrzunehmen hat, von elementarer Bedeutung.

Hierarchie ist ein natürlicher Rahmen, den der Mensch sucht und benötigt. Sie bestimmt die Kommunikationswege in Organisationen, sollte auch für diese Zwecke eingesetzt werden und muß daher in der Organisation geregelt werden. Eine geordnete Hierarchie ermöglicht den konstruktiven Umgang mit ihr.

Es ist zu unterscheiden zwischen Funktions- und Statushierarchie. **Statushierarchie** ist durch Über- und Unterordnungsbeziehungen charakterisiert.[5] Sie ergibt sich demnach aus den in der Aufbauorganisation enthaltenen Abgrenzungen. **Funktionshierarchie** ergibt sich dagegen bei speziellen Problemstellungen und orientiert sich z.B. an der Fachkompetenz. Sie setzt die Statushierarchie nicht außer Kraft.

Beispiel *In der Funktionsbeschreibung des Reinigungsdienstes ist als Zielsetzung der Funktion beschrieben, daß die öffentlichen Bereiche sauber zu halten sind. Die Mitarbeiter des Reinigungsdienstes müssen diese Funktion erfüllen und die Reinigungsfrequenz an diesem Ziel ausrichten. Im Falle der Einrichtung eines Arbeitskreises mit der Aufgabenstellung, Sauberkeit zu definieren und ökonomische Reinigungsfrequenzen zu erarbeiten, ist diese Statushierarchie nicht relevant. Hier steht die Fachkompetenz der Mitarbeiter des Reinigungsdienstes im Vordergrund. Die Funktionshierarchie bestimmt daher die Beteiligung am Arbeitskreis.*

Wann und wie die Funktionshierarchie zum Einsatz kommt, liegt im Entscheidungsbereich der Führungskraft. Eine moderne Unternehmensführung bezieht grundsätzlich in ihre Meinungsbildung das Wissen aus allen Ebenen des Unternehmens ein. Das geeignete Instrument hierfür ist zum Beispiel die Einrichtung von Expertenkonferenzen mit einem übergeordneten Leitungsgremium.

In den Expertenkonferenzen sind Experten aus verschiedenen Ebenen vertreten, häufig stammen die Experten aus der dritten und vierten Führungsebene. Sie bereiten mit ihrem Fachwissen die Entscheidung vor. Die Entscheidung selbst bleibt jedoch bei der Führungsspitze. Je nach Aufgabenstellung können in diese Konferenzen zusätzlich und von Fall zu Fall externe Berater berufen werden. Damit ist gewährleistet, daß der erarbeitete Vorschlag in jeder Hinsicht fundiert ist.

Erfolgreich ist diese Vorgehensweise, wenn

- die zweite Führungsebene für die Benennung der Experten zuständig ist,
- die geeigneten Personen in die Expertenkonferenz delegiert werden,
- über den Expertenkonferenzen das Leitungsgremium angesiedelt ist,
- in dieses Leitungsgremium die Vorschläge aus den Expertenkonferenzen eingebracht werden,
- vom Leitungsgremium entschieden wird, ob ein Vorschlag akzeptabel oder zu modifizieren ist oder – je nach Tragweite – den Organen des Unternehmens zur Entscheidung vorgelegt werden muß,
- der Informationsweg von der Expertenkonferenz zur zweiten Führungsebene funktioniert.

Es gibt verschiedene Wege, um den Ablauf und damit einen Teil der Koordinierungsaufgaben des Unternehmens organisatorisch zu beschreiben.

Stellenbeschreibung
Die Stellenbeschreibung ist eine Form zur Darstellung einer Ablauforganisation.

- Im Sozialbereich wird darunter häufig eine detaillierte Aneinanderreihung und Beschreibung von Tätigkeiten mit den zur Ausübung vorhandenen oder notwendigen Hilfsmitteln verstanden. Dabei geht man davon aus, daß jede einzelne Tätigkeit in ihrer Durchführungsart im Detail festgelegt wird und bei ihrer Durchführung keine andere Möglichkeit als die vorgesehene angewendet werden kann. Das heißt gleichzeitig, daß vom Mitarbeiter keine Flexibilität, aber eine korrekte Ausführung erwartet werden darf.

- Zu jeder Funktion wird das adäquate Hilfsmittel beschrieben und mit der Funktion kombiniert, was eine idealtypische Ausführung der Einzeltätigkeit zur Folge hat. Eine andere Ausführungsart ist wegen der Beschreibung der Tätigkeit nicht möglich.

Die Funktionalität der Einzelaufgabe und die Funktionalität des Gesamtunternehmens können so gesichert werden. Die Stellenbeschreibung ist immer dort notwendig und sinnvoll, wo es darum geht, ein immer gleichbleibendes, unverändertes, vom Mitarbeiter nicht beeinflußbares Produkt herzustellen. Die Produktgleichheit wird durch die vollständige Beschreibung der Tätigkeit gesichert, völlig unabhängig vom Menschen, der diese Tätigkeit ausführt. Sinnvoll ist eine Stellenbeschreibung daher bei Fließbandfertigung, bei staatlichen Organisationen oder bei Funktionen, deren Arbeitsbereich sich auf technische Geräte mit hohem Sicherheitsstandard, wie z.B. in der Medizintechnik, bezieht.

Je höher die Hierarchiestufe ist, umso mehr wird nur die Struktur beschrieben. Stellenbeschreibungen sind besonders wichtig, wenn z.B. unterschiedliche Qualifikationen der Mitarbeiter vorhanden sind. Sie müssen nicht ewig gelten, sondern nur so lange, wie der konkrete Anlaß für die Stellenbeschreibung vorhanden ist.

Beispiel *Um den organisierten Tagesablauf zu sichern, kann es für einen neuen Mitarbeiter eine Hilfe sein, wenn der Tagesablauf genau beschrieben wird. Für ein Krankenhaus kann das z.B. heißen: 7.15 Uhr Patienten wecken, 7.25 Uhr mit dem Waschen beginnen, 7.45 Uhr Frühstück verteilen, 8.15 Uhr Hilfe leisten beim Einnehmen des Frühstücks ... Dem neuen Mitarbeiter geben diese engen Angaben Sicherheit. Nach einer gewissen Einarbeitungszeit ist jedoch über deren Notwendigkeit nachzudenken.*

Funktions(Marginal-)beschreibungen

Eine weitere Form der Ablauforganisation ist die **Funktionsbeschreibung**. Hier wird lediglich noch die Funktion der Aufgabenerfüllung gesichert. Es gibt also weder eine Beschreibung der Tätigkeiten noch eine Aneinanderreihung von Tätigkeiten, sondern es wird vielmehr die Grenze der Funktion und damit auch der Tätigkeit beschrieben.

Es handelt sich also bei diesem Modell um eine **Beschreibung der Grenzen** (Marginalität). Dies erfolgt dadurch, daß zunächst die vertikalen und dann die horizontalen Grenzen der Einzelfunktionen dargestellt werden.

- **Die vertikalen Grenzen einer Funktionsbeschreibung** ergeben sich durch das Verhältnis einer Funktion zur nachgeordneten bzw. übergeordneten Funktion.

- **Die horizontale Begrenzung** erfolgt durch Beschreibung der Grenze zwischen den auf gleicher Führungsebene angesiedelten Funktionen.

Damit sind viele Grenzen geschaffen, innerhalb derer die zu erfüllende Funktion liegt. Eine Produktgestaltung wird durch die Erfüllung der Funktion innerhalb der Marginalien möglich.

Beschreibung von Delegationsbereichen

Die Beschreibung von Delegationsbereichen geht von dem Ansatz aus, daß das Unternehmen insgesamt eine einzige Funktion wahrzunehmen hat. Damit die **Unternehmensfunktion** gewährleistet wird, muß diese Gesamtfunktion in Teilfunktionen untergliedert werden. Dabei wird eine Sammlung von Tätigkeiten zu einem Delegationsbereich zusammengefügt, der wiederum in sich die Funktionalität dieses Funktionsbereichs sichert. Je größer der Delegationsbereich wird, umso wahrscheinlicher ist die Produktabweichung; je kleiner er bleibt, umso mehr ist die Produktsicherung gewährleistet. Diese Unterteilung darf allerdings niemals bis zur Beschreibung einer Einzeltätigkeit erfolgen, weil sonst eine Produktgestaltung nicht mehr möglich ist und die Abgrenzung zur Stellenbeschreibung unmöglich wird.

Das Modell endet stets an der kleinsten produzierenden Einheit, erfaßt also die letzte Führungsebene des Unternehmens mit Delegationsbereichen, aber nicht mehr die einzelnen produzierenden Personen. Dies hat zur Folge, daß unterhalb der letzten Führungsebene entweder Stellenbeschreibungen eingesetzt werden oder Kleinstgruppen gebildet werden müssen, die dann keine Führungsqualität im Sinne der Aufbauorganisation mehr besitzen, sondern nur noch die Koordinierungs- und Durchsetzungsleistung der Ablauforganisation garantieren müssen. In der Regel werden nach der letzten Führungseinheit Stellenbeschreibungen bevorzugt eingesetzt.

Beispiel *Die Gesamtfunktion eines Krankenhauses der Regelversorgung kann darin bestehen, bei den eingewiesenen Patienten Diagnostik und Therapie zu übernehmen. Um diese Funktion zu sichern, werden im Regelfall drei Delegationsbereiche benannt: Verwaltung, Pflege, Medizin. Innerhalb jedes Delegationsbereiches werden Funktionsbereiche beschrieben bis hin zur kleinsten produzierenden Einheit, beispielsweise bis zur Patientenaufnahme in der Verwaltung.*

Steuerung
Unabhängig von der Aufgabenfestlegung in der Organisation muß das individuelle Handeln der Mitarbeiter im Sinne der Unternehmensziele gesteuert werden. Dazu gibt es verschiedene Möglichkeiten der Steuerung:

– Handlungsziele
– Handlungsregeln
– Absprachen
– Vereinbarungen
– Weisungen
– Anweisungen

Handlungsziele
Sie beschreiben eine Einzeltätigkeit, das angestrebte Ziel und damit die Art und Weise, wie dieses Ziel erreicht werden soll.
Durch Handlungsziele werden die Detailaufgaben geregelt und die Gesamtaufgabe kleiner.

Beispiel *Für Patienten, denen Diätkost verordnet ist, wird als Zielsetzung formuliert, daß das Diätessen kein Gefühl von Krankheit und Defizit vermitteln soll. Das Handlungsziel lautet deshalb, daß das Essen schmackhaft, fürs Auge angenehm, nahrhaft und trotzdem nach Kohlehydraten berechnet sein soll. Das Handlungsziel beinhaltet nicht, wie man zu diesem Ergebnis kommt. Dies muß in Einzelbeschreibungen dargestellt werden.*

Die Einhaltung von Handlungszielen muß überwacht werden. Deshalb müssen gerade bei abstrakt formulierten Handlungszielen Kriterien zur Überwachung aufgestellt werden.

Beispiel *In einem Krankenhaus wird von der Pflegedienstleitung das Ziel formuliert, daß der Patient sich wohl fühlen soll. Die Führungskraft wählt verschiedene Möglichkeiten der Überprüfung: Sie führt täglich eine stichprobenartige Befragung durch. Als weiterer Indikator wird die Beschwerderate über das Essen festgelegt.*

Handlungsregeln

Handlungsregeln sind Programme, die den Ablauf einer Handlung im Detail festlegen, auf diesem Weg sichern, damit das Ergebnis konsequent eintritt. Handlungsregeln gehören in eine Stellenbeschreibung, Handlungsziele haben mehr mit Delegation zu tun.

Handlungsregeln sind zum Beispiel die fachlich erforderlichen Abläufe bei Herz- oder Feueralarm. Hier muß das jeweilige, der Situation angemessene Programm abgespult werden. Dieses Instrument ist also nur dort geeignet, wo es um die Sicherung einzelner Tätigkeiten und Abläufe geht.

Ablaufplanung bei Nacht: Notfall		
Alarm erfolgt		
Diensthabender Arzt	$\Rightarrow$	Notfallkoffer
	$\Rightarrow$	geht zur anfordernden Stelle
Diensthabender Pflegedienstmitarbeiter		
Station 5	$\Rightarrow$	übernimmt Station 6
Station 6	$\Rightarrow$	nimmt EKG, Defibrilator zur anfordernden Stelle
Telefondienst	$\Rightarrow$	identisch zum Feueralarm
Station 5	$\Rightarrow$	d. h. Telefon wird von einem Mitarbeiter freigehalten solange keine Entwarnung erfolgt

Abb. 4: Handlungsregeln für einen Notfall

Absprachen

Absprachen sind generelle Festlegungen zur Ermächtigung eines Funktionsträgers, deren Anwendung dann im Ermessen des Funktionsträgers liegt. Beispiele dafür sind etwa Vollmachten zur Ausübung bestimmter Rechtsgeschäfte.

Beispiel *Die Stationsleitung wird dazu ermächtigt, die Zimmer nach eigenem Ermessen zu belegen, z.B. je nachdem, wie die Patienten zueinander passen oder nach Krankheitsbild oder bei Gruppenpflege je nach Qualifikation der zuständigen Mitarbeiter.*

Vereinbarungen

Durch eine Vereinbarung kann festgelegt werden, daß es zur Erfüllung einer Funktion keiner generellen Entscheidungsbefugnis bedarf, sondern daß es eine Einzelvereinbarung für immer gleichbleibende Fälle gibt.

Beispiel *Ein Mitarbeiter kann über eine Bestellung von Pflegehilfsmitteln für seinen Bereich selbst entscheiden, unter Beachtung bestimmter Vorgaben wie Menge, Lieferzeit, Kosten.*

Einem Mitarbeiter wird die Leitung der Station an einem ganz bestimmten Tag für drei Stunden am Nachmittag übertragen, obwohl er sonst keine Leitungsfunktion hat.

Weisungen

Die Absprache und die Vereinbarung kann noch ergänzt werden durch die Weisung, die dann nur den Einzelfall mit Entscheidungsbefugnis ausstattet und damit steuert.

Beispiel *Im Rahmen der Gruppenpflege wird ein Mitarbeiter angewiesen, die Pflege eines Patienten aus einer anderen Gruppe zu übernehmen.*
Im Rahmen der Sterbebegleitung wird einem Mitarbeiter die Einzelbetreuung eines Menschen übertragen.

Anweisungen

Die Arbeitsanweisung ist eine konkrete Handlungsanweisung, die genau aussagt, wie der Mtarbeiter die Arbeit auszuführen hat. Dies ist aus Gründen der Motivation der Mitarbeiter nicht günstig, weil der Mitarbeiter dann keinen Raum zur individuellen Ausgestaltung seiner Arbeit hat. Die Anweisung gewinnt an Schärfe, wenn der Mitarbeiter dieser Anweisung zuwiderhandelt; dies wäre ein Grund für eine Abmahnung.

Beispiel *Kontrolle der Ausführung oder des Produkts: Ein Mitarbeiter der Essensausgabe erhält die Anweisung, das Essen in einer bestimmten Form zu servieren. Durch Sichtkontrolle wird die korrekte Ausführung überprüft.*

Unabhängig von der Organisation können die oben beschriebenen Instrumente zur Steuerung eingesetzt werden. Die Führungskraft sollte diese Instrumente im Idealfall alle beherrschen. Je nach Führungsstil wird der Einsatz der Steuerungsinstrumente unterschiedlich sein.

2.3 Kontrolle und Überwachung

Die Kontrolle ist ein Instrument der Unternehmenssteuerung zur Überprüfung, inwieweit Planung und Organisation ihre Ziele erreicht haben. Die Kontrolle in einem sozialen Unternehmen umfaßt mehrere Aufgaben. Es ist sinnvoll, zwischen der eigentlichen Kontrolle und der Überwachung zu unterscheiden.

Kontrolle ⇔	**Überwachung**
– stellt das Ergebnis der Arbeit und damit des Wirtschaftens fest.	– findet während des Produktionsprozesses statt
– vergleicht die Sollwerte der Planung mit den Ist-Werten der Ergebnisse	– erfaßt Zielungenauigkeiten bereits bei ihrem Entstehen
– wird gegenüber der nächst niedrigeren Führungsebene wirksam	– wird immer erst gegenüber der übernächsten Führungsebene wirksam

Kontrolle und Überwachung sind also zwei sehr unterschiedliche Instrumentarien. Ein häufiger Fehler von Führungskräften ist, daß sie nicht zwischen Kontrolle und Überwachung unterscheiden. Z.B. greifen sie auf der übernächsten Führungsebene in die Handlungen der Mitarbeiter ein. Dies wäre nur zu verantworten, wenn Gefahr in Verzug ist. In der Regel ist jedoch das Hineinregieren einer Führungskraft in die Arbeit der Mitarbeiter, die erst in der übernächsten Führungsebene stehen, aus zwei Gründen falsch:

❶ Die Führungskraft kann die Handlungen der übernächsten Ebene in ihrer Gesamtheit nicht beurteilen, weil sie nicht in den gesamten Planungsprozeß, der ja von der ihr direkt unterstellten Führungkraft gesteuert wird, eingebunden ist.

❷ Es ist offensichtlich, daß der Mitarbeiter, wenn er von einer Führungskraft der nächsthöheren Ebene direkt kritisiert wird, Vertrauen verliert. Wenn die Kritik dann auch noch unberechtigt ist, weil die Planung des direkten Vorgesetzten genau dieses Verhalten vorsieht, so ist der Vertrauensverlust umso größer.

Richtig wäre, wenn die Führungskraft ihre Beobachtungen zu einem allgemeinen Thema machen würde, welches sie dann mit der dem Mitarbeiter direkt vorgesetzten Führungskraft besprechen würde. Auf diese Weise kann die dem Mitarbeiter direkt vorgesetzte Führungskraft ihrer eigenen Führungskraft erklären, weswegen ein bestimmtes Verhalten eben doch angemessen ist. Stellt sich jedoch bei einem solchen Gespräch heraus, daß tatsächlich Fehler vorliegen, so kann die dem Mitarbeiter vorgesetzte Führungskraft ihre Mitarbeiter selbst kontrollieren und die Fehler dann in einem Kritikgespräch ausräumen.

Hat die übergeordnete Führungskraft schon mehrmals ein bestimmtes Thema mit der den Mitarbeitern vorgesetzten Führungskraft diskutiert, und sie beobachtet bei der Überwachung der Mitarbeiter weiterhin die gleichen Fehler, so liegt bei der dem Mitarbeiter vorgesetzten Führungskraft ein Defizit vor. Die Aufgabe der Leitung ist es dann, dieses Defizit bei der dem Mitarbeiter vorgesetzten Führungskraft aufzuarbeiten.

In der Praxis laufen Überwachung und Kontrolle häufig parallel. Die Führungskraft muß sich jedoch immer darüber im klaren sein, ob sie gerade in der Rolle des Überwachenden (sie beobachtet einen Mitarbeiter) oder in der Rolle des Kontrollierenden (sie beobachtet eine ihr untergeordnete Führungskraft) auftritt.

Hierarchisch gesehen, übernimmt die Unternehmensspitze in erster Linie Ergebniskontrolle und Ergebnisüberwachung. Die Ausführungskontrolle und Ausführungsüberwachung ist schwerpunktmäßig Aufgabe der unteren Führungsebenen.

3. Personenbezogene Führungsaufgaben

> **! Definition**
>
> Personenbezogene Führungsaufgaben lassen sich zusammenfassen unter dem Begriff „Mitarbeiterführung". Sie werden dazu eingesetzt, um zielgerichtetes Verhalten im Unternehmen schon während des Produktionsprozesses zu erreichen und zu erhalten.

Dabei spielen zur **Orientierung des Mitarbeiters im Unternehmen** folgende Indikatoren eine Rolle:

- die Art der Entscheidungsvorbereitung im Unternehmen
- die Verteilung der Entscheidungsaufgaben im Unternehmen
- die Art und Anwendung der Überwachung
- die Kommunikationsinstrumente und die Kommunikationsart
- der Formalisierungs- und Organisationsgrad im Unternehmen

Diese Indikatoren bestimmen für den Mitarbeiter sein Verhalten im Kontext zu den Zielen, ganz egal, ob es sich um Teilziele, Unternehmensziele oder ein Leitbild handelt. Die Abgleichung wird immer dann am größten, wenn die Orientierungsmerkmale negative Ausprägung gewinnen.

Führungstätigkeiten im Unternehmen zielen darauf ab, das Verhalten der Mitarbeiter zielgerecht einzustellen und damit zu sichern, daß das Ziel nicht nur erreichbar erscheint sondern auch erreicht wird. Damit bedeutet **das personenbezogene Herangehen an eine Aufgabe** für die Führungskraft, daß sie einen Mitarbeiter für eine Aufgabe bestimmt,

– der mit ihrer Lösung nicht überfordert ist,
– der in der Lage ist, die Aufgabe so zu lösen, daß sie jederzeit von einem anderen Mitarbeiter übernommen werden kann.

Hierzu sollte die Führungskraft den Mitarbeiter, den sie für eine Aufgabe vorsieht, auf seine Fähigkeiten hin überprüfen. Die Führungskraft ist bei dieser Überprüfung neutral. Sympathie und Antipathie dürfen keine Rolle spielen. Entscheidend ist, daß die Führungskraft genau erkennt, wo die Fähigkeiten des ausgewählten Mitarbeiters mit dem Anforderungsprofil der Aufgaben nicht übereinstimmen. Hier liegt ein Defizit des Mitarbeiters vor. Die Führungskraft muß sich vor Aufgabenerteilung bereits darüber im klaren sein, in welcher Weise sich dieses Defizit des Mitarbeiters bei der Lösung der Aufgabe offenbart. Nur so kann sie beurteilen, ob es verantwortbar ist, dem Mitarbeiter die Aufgabe zu übertragen und ihm damit auch die Chance zu geben, daran zu wachsen oder ob es nicht mehr verantwortbar ist, weil das Defizit so groß ist, daß der Mitarbeiter bei dem Versuch, die Aufgabe zu lösen, einen persönlichen Einbruch erleiden würde. Wird einem Mitarbeiter eine Aufgabe übertragen, der zwar bestimmte Defizite hat, deren Auswirkungen auf die Lösung der Aufgabe jedoch einschätzbar sind, so hat die Führungskraft mit dem Mitarbeiter nicht nur den sachbezogenen Anteil an der Lösung der Aufgabe zu besprechen, sondern auch den personenbezogenen Anteil. Sie kann so dem Mitarbeiter zeigen, wo er sich weiterentwickeln kann.

Beispiel   *In einem Betrieb werden Arbeitsgruppen aus verschiedenen Bereichen gebildet, um Entscheidungen vorzubereiten. Die Führungskraft stellt die hohe Fachkompetenz eines Mitarbeiters für einen Arbeitskreis fest. Sie erkennt allerdings auch seine rhetorischen Schwierigkeiten, sein Fachwissen darzustellen. Dem Mitarbeiter fehlt also ein Stück Selbstsicherheit und damit persönliche Kompetenz. Mit dem Ziel, an diesem Defizit zu arbeiten, wird vereinbart, daß der Mitarbeiter an dem Arbeitskreis teilnimmt und lernt, mit der Situation eines Arbeitskreises vertraut zu werden. Als Ziel wird nicht formuliert, Fachkompetenz einbringen zu müssen. Diese kann im Einzelgespräch eingeholt werden. Es handelt sich um eine personenbezogene Führungsaufgabe mit dem Ziel der Förderung des Mitarbeiters.*

Wird der Mitarbeiter so ausgewählt, daß seine Fähigkeiten mit dem Anforderungsprofil der Aufgabe weitgehend übereinstimmen, so läßt sich das Ergebnis der Aufgabenlösung leichter beurteilen. Wird nämlich die geeignete Person mit der Lösung einer Aufgabe betraut, so werden die sachbezogenen Defizite klar und können so auch aufgearbeitet werden. Wird das Ergebnis sachbezogen positiv beurteilt, so sollte die Führungskraft auch personenbezogen ein Lob aussprechen. Geschieht dies nicht, kann es leicht zur Frustration beim Mitarbeiter kommen.

> **! Merke**
>
> Der Mensch im Unternehmen wird seine Funktion immer dann zielgerecht erfüllen können und auch wollen, wenn er bei den Entscheidungsvorbereitungen beteiligt wird, also eine eher dezentrale Form der Entscheidungsfindung praktiziert wird. Mitarbeiter erwarten weniger, daß sie allein entscheiden dürfen als daß sie an den Entscheidungsvorbereitungen beteiligt sind. Um dies zu erreichen, ist eine zweite Komponente, nämlich der Kommunikationszustand im Unternehmen, zu bedenken (vgl. Kapitel IV, 3.1).

Die Zielorientierung des Verhaltens und damit die Führungstätigkeit wird heute mehr noch als früher beeinflußt von den Formalisierungsgraden, die in einer Organisation vorherrschen, das heißt dadurch, wie in einer Organisation Tätigkeiten koordiniert werden. Motivation und Zielgerechtigkeit sind an flache Hierarchien sowie einen niedrigen Formalisierungsgrad geknüpft. Je höher der Formalisierungsgrad, um so mehr sind die Mitarbeiter damit beschäftigt, die Form zu wahren. Ziel ist dann lediglich, eine Aufgabe auf eine bestimmte Art und Weise zu bearbeiten. Es besteht jedoch die Gefahr, daß der Mitarbeiter als Person am Ergebnis nicht beteiligt ist.

Dies ist im Sozialbereich eine nicht zu unterschätzende Abweichung von der Zielgerechtigkeit.

Beispiele für Zielkonflikte

Beispiel 1 *Ein Zielkonflikt existiert, weil durch die Spülzeit der Küche bestimmt wird, bis wann das Frühstücksgeschirr der Bewohner zum Spülen zurückgebracht werden muß. Hierfür müssen die Bewohner alle bis zu einer bestimmten Zeit geweckt worden sein. Dies steht im Widerspruch zu den Ansprüchen der Bewohner und Pflegemitarbeiter an eine bewohnergerechte und individuelle Versorgung. Der Zielkonflikt ergibt sich aus der Anforderung, auf die individuellen Bewohnerwünsche einzugehen einerseits, und aus dem Verständnis für die organisatorischen Bedingungen der Küche andererseits.*

1. *Die Führung muß hier erst formal den Ablauf der Hauswirtschaft ändern oder zusätzliche Hilfsmittel anschaffen wie z.B. Thermoskannen, Mikrowelle, genügend Geschirr.*
2. *Unter Umständen ist ein veränderter Arbeitsablauf wegen der Rahmenbedingungen nicht durchzusetzen, weil z.B. das Budget diese Maßnahmen nicht zuläßt. Die Führungskraft sollte dann den Mitarbeiter so stabilisieren, daß er nicht an dem Konflikt verzweifelt. Die Führungskraft muß dann auf anderer Ebene – z.B. bei der Pflegesatz- bzw. Budgetverhandlung – tätig werden. Der Mitarbeiter sollte von der Führungskraft insoweit in diesen Lösungsversuch einbezogen werden, als er informiert wird, welche Lösungsschritte beabsichtigt sind.*

Dieses Beispiel soll zeigen, daß Ziele bei Konflikten nicht einfach umgestoßen und für nichtig erklärt werden dürfen, wenn die zur Zielerreichung nötigen Rahmenbedingungen nicht sofort erfüllt werden können. Anderseits werden Mitarbeiter diese Zielkonflikte auf Dauer nicht aushalten können.

Es kann auch Zielkonflikte geben, die den Mitarbeitern und der Führungskraft bekannt sind und die von beiden Seiten nicht gelöst werden können, weil die Rahmenbedingungen dem entgegenstehen, wie das folgende Beispiel verdeutlicht:

Beispiel 2 *Früher gab es streng geregelte Besuchszeiten im Krankenhaus. Sie garantierten einen ungestörten Arbeitsablauf auf der Station. Es handelte sich hier um einen hohen Formalisierungsgrad. Dieser bot keinen Handlungsfreiraum – weder für Mitarbeiter noch für Besuche. Dafür wurden aber auch keine Zielkonflikte bei den Mitarbeitern ausgelöst.*

Heute gäbe es bei einem solch hohen Formalisierungsgrad wie im vorgenannten Fall bei Besuchern und Patienten erhebliche Zielkonflikte. Dem wurde Rechnung getragen: Zur Unterstützung des seelischen Gleichgewichts des Patienten gibt es für Besucher keine starren Besuchszeiten mehr. Lediglich Untersuchung, Therapie, Behandlung und ausreichende Ruhezeiten haben Vorrang vor Besuch. Die Mitarbeiter müssen sich auf diesen geänderten Formalisierungsgrad einstellen, haben weniger Sicherheit im Arbeitsablauf und höheren Organisationsaufwand. Die Führungskraft sollte den Mitarbeitern den Zielkonflikt immer wieder deutlich machen und dabei versuchen, sie auf flexibles Arbeiten einzustellen. In der Flexibilität müssen jedoch wieder Formen und Regeln gefunden werden. Behoben werden kann der Zielkonflikt nicht in vollem Ausmaß. Dieses muß die Führungskraft aushalten. Hier ist ihre Belastbarkeit gefordert.

IV. Führungsinstrumente

1. Führungsinstrumente – Begriff und Aufgabe

Der Einsatz von Führungsinstrumenten beeinflußt nach *Wöhe* einerseits die Motivation der Mitarbeiter, andererseits kann die Motivierung von Mitarbeitern selbst als ein Führungsinstrument bezeichnet werden.[6]

Da der motivationsfördernde Bereich oft personenbezogen funktioniert, ist er am ehesten störanfällig. Deshalb ist es besonders wichtig, daß der objektiv bewertbare Rahmen klar strukturiert und durchdacht ist.

Das Motivieren selbst ist ein aktives, zielgerichtetes Steuern des Verhaltens und somit ist die Wahrnehmung der Motivationsaufgabe ein komplexes Führungsinstrument.

Der optimale Einsatz der Führungsinstrumente durch die Unternehmensführung ist dann gewährleistet, wenn eine Übereinstimmung von der Zielsetzung des Unternehmens mit den persönlichen Wünschen der Mitarbeiter herbeigeführt wird. Die Unternehmensführung muß deshalb versuchen, durch den Einsatz der entsprechenden Führungsinstrumente die Mitarbeiter so zu beeinflussen, daß sie im äußersten Fall überzeugt sind, durch ihren persönlichen Einsatz für die Ziele des Unternehmens ihre eigenen Ziele optimal realisieren zu können. Die Instrumente, die den Führungskräften dafür zur Verfügung stehen, lassen sich gliedern in

- objektiv bewertbare Führungsinstrumente
- motivationsfördernde Führungsinstrumente

2. Objektiv bewertbare Führungsinstrumente

Die objektiv bewertbaren Führungsinstrumente enthalten die Rahmenbedingungen und sorgen dafür, daß gut gearbeitet werden kann. Sie sind personenunabhängig gestaltet. Ohne sie wäre Führung in der Regel ein unhaltbarer Zustand.

Objektiv bewertbare Führungsinstrumente sind:[7]

Rahmenbedingungen wie:
- Arbeitsentgelt
- geltende Tarifbestimmungen
- Sozialleistungen

Arbeitsbedingungen wie:
- Arbeitszeit
- Arbeitsumgebung
- Personalauswahl

3. Motivationsfördernde Führungsinstrumente

Mit Hilfe von motivationsfördernden Führungsinstrumenten soll erreicht werden, daß sich die Mitarbeiter dem Unternehmen verbunden fühlen und eine Zielkongruenz hergestellt wird.

Zur Steuerung soll unterschieden werden in immateriell indirekte und immateriell direkte Führungsinstrumente.

Immateriell indirekte Führungsinstrumente

- Information und Kommunikation
- Aus- und Weiterbildung
- Konfliktsteuerung
- Integration und Anerkennung der Persönlichkeit

Wie das Führungsinstrument zur Förderung des Mitarbeiters eingesetzt wird, kann unterschiedlich sein.

Beispiel *In einem Betrieb werden Arbeitsgruppen aus verschiedenen Bereichen gebildet, um Entscheidungen vorzubereiten. Die Führungskraft stellt die hohe Fachkompetenz eines Mitarbeiters für einen Arbeitskreis fest. Sie erkennt allerdings auch seine rhetorischen Schwierigkeiten, sein Fachwissen darzustellen. Dem Mitarbeiter fehlt also ein Stück Selbstsicherheit und damit persönliche Kompetenz. Mit dem Ziel, an diesem Defizit zu arbeiten, wird vereinbart, daß der Mitarbeiter an dem Arbeitskreis teilnimmt und lernt, mit der Situation eines Arbeitskreises vertraut zu werden. Als Ziel wird nicht formuliert, Fachkompetenz einbringen zu müssen. Diese kann im Einzelgespräch eingeholt werden. Es handelt sich um eine personenbezogene Führungsaufgabe mit dem Ziel der Förderung des Mitarbeiters.*

Immateriell direkte Führungsinstrumente

- Arbeitsempfinden
- Führungsstil

Im folgenden soll das Augenmerk auf Information und Kommunikation einerseits sowie auf die Führungsstile andererseits gerichtet werden.

3.1 Information und Kommunikation

Die Kommunikation wird wesentlich durch den **Informationskreislauf im Unternehmen** beeinflußt. Die Führungstätigkeit besteht darin, einen geschlossenen Informationskreislauf herzustellen, indem die Information begleitet wird durch die Reflexion des Informationsempfängers auf die Ziele seiner Arbeit hin. Erst wenn der Informationsempfänger gezwungen ist, die erhaltene Information zu reflektieren, wird die Information ihren vollen Wert und damit die Führungstätigkeit ihre Wirkung erzeugen können.

Erfolgreiche Kommunikation, das heißt, daß die Information den Empfänger unverzerrt erreicht, ist jedoch nicht selbstverständlich.

Beispiel *Ein Mitarbeiter bittet die Führungskraft um ein persönliches Gespräch. Es stellt sich im Gespräch heraus, daß der Mitarbeiter scheinbar mit seinem Gehalt nicht zufrieden ist. Die Führungskraft stellt daraufhin fest, daß der Mitarbeiter nach den Sachvorgaben richtig eingruppiert ist.*

Die Maslow'sche Theorie, derzufolge der Mensch nicht ausschließlich durch materielle oder finanzielle Anreize veranlaßt werden kann, seine Kraft kooperativ einzusetzen, ist zwar den meisten Führungskräften bekannt, allerdings nur als Theorie. Bei obigem Beispiel läßt sich aus der Theorie ableiten, daß der Mitarbeiter mit seiner Bitte um mehr Gehalt der Führungskraft eigentlich vermitteln wollte, daß seine Leistung nicht angemessen anerkannt wird. Diese Forderung wurde im Gespräch nicht verbalisiert. Das Ziel der Führungskraft muß sein, auch **die nonverbalen Elemente der Kommunikation** wahrzunehmen. Die eventuell berechtigte Unzufriedenheit des Mitarbeiters könnte dann gelöst werden durch eine gezielte **Karriereplanung für den Mitarbeiter**, womit mehr Anerkennung und Zufriedenheit sowie Motivation für den Mitarbeiter einhergehen. Führungskräfte lassen sich aber meist auf ein solches Gehaltsgespräch ein und reden dann letztlich auch nur über Materielles – ein Bereich, der häufig den geringsten Spielraum bietet.

Nicht-materielle Anreize können z.B. sein

- Die Art der Aufgabe
- Eigenverantwortliche Wahrnehmung der Aufgabe
- Beteiligung der Mitarbeiter am Meinungsbildungsprozeß
- Sicherheit des Mitarbeiters
- Anerkennung
- Einsatz in der Öffentlichkeitsarbeit

Bei der Informationsweitergabe müssen daher **Regeln der Kommunikation** beachtet werden. Ausgangspunkt sind unterschiedliche Informationsstände. Dies ist in Unternehmen normal. Mit den Mitteln der Kommunikation muß beim vorhandenen gemeinsamen Ziel dazu beigetragen werden, daß alle zur Zielerreichung notwendigen Informationen ausgetauscht werden. Dadurch wird ein neues Informationsniveau erreicht.

Ziel der Kommunikation muß eine Verbesserung des Informationsstandes sein. Sie sollte nicht nur auf die noch vorhandenen Defizite ausgerichtet sein, sondern auch das gemeinsam Erreichte beleuchten. Aufgrund der festgestellten Defizite müssen neue Ziele definiert werden. Informationsdefizite müssen aufgearbeitet werden, um die gemeinsame Basis zu vergrößern.

Graphisch veranschaulicht werden soll dieses am *JOHARI*-Fenster in Anlehnung an *Luft*:[8]

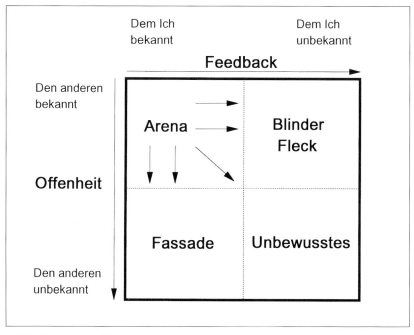

Abb. 5: Johari-Fenster

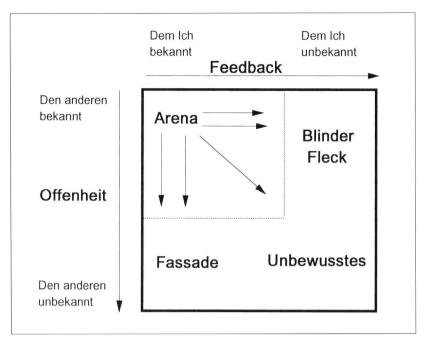

Abb. 6: Vergrößerung der Arena durch Kommunikation

Der gemeinsame Informationsstand – im JOHARI-Fenster *Arena* genannt – muß festgestellt werden und Ziel muß sein, diesen zielgerichtet zu vergrößern. Zwangsläufig verringern sich dann *Fassade*, *Unbewußtes* und *Blinder Fleck* (siehe Grafiken).

Ist der Informationsstand ungleich, dem Zuhörer also mehr bekannt als dem Sender, dann handelt es sich um den *Blinden Fleck*. Ist dem Sender etwas bekannt, was dem Empfänger vorläufig unbekannt bleibt, handelt es sich um die *Fassade*. Ist dem Sender und dem Empfänger etwas unbekannt, dann wird vom *Unbewußten* gesprochen. Grundsätzlich kann man keinen dieser Bereiche verändern, ohne daß es Auswirkungen auf die anderen drei Bereiche hat.

Die Kommunikation dient also letztendlich der Vergrößerung der *Arena*.

Das Mittel zur Vergrößerung der *Arena* ist die Bewegung beider Linien durch offenen Informationsaustausch und Einholen des Feedback.

Wenn sich die Linien in gleichem Maße horizontal und vertikal in Pfeilrichtung verändern, vergrößert sich zwangsläufig die *Arena* und der gemeinsame Wissensstand.

Kommunikationswerkzeuge sind

- ☐ Offenheit
- ☐ Vertrauen
- ☐ Verständlichkeit
- ☐ Risikobereitschaft
- ☐ Aktives und passives Zuhören
- ☐ Beobachtung
- ☐ Fähigkeit
- ☐ Fragetechnik

Beispiel für Auswirkungen nicht gelungener Kommunikation *In einem Krankenhaus soll ein fachliches Gespräch mit den Krankengymnasten geführt werden. Zielsetzung ist, bestimmte Arbeitsabläufe am Patienten zu standardisieren, die Sprache zu vereinheitlichen, um zu einem standardisierten Entscheidungsprozeß und zu einer Vergleichbarkeit der Ergebnisse zu gelangen. Das Gespräch ist notwendig, um den Therapeuten deutlich zu machen, daß bei gleichem Krankheitsbild unterschiedlich behandelt wird. Bei den Krankengymnasten hat es in letzter Zeit personelle Veränderungen gegeben und die Gruppe ist in sich noch nicht stabil. Das Gespräch wird vom leitenden Arzt moderiert, der sich dabei nicht als Leitung sieht und daher ein Gruppengespräch in Gang bringen möchte. Im Verlauf des Gesprächs ergibt sich die Situation, daß einige Gruppenmitglieder dem Moderator gegenüber offene Aggression in ihrer Körpersprache ausdrücken und im Gespräch eine Fassade aufgebaut haben. Thema ist jetzt nicht mehr die Frage der Standardisierung, sondern das Problem hat sich auf die sprachliche Ebene reduziert und eine Trotzreaktion ausgelöst: „Wenn wir uns nicht richtig ausdrücken, sagen wir gar nichts mehr". Durch die Instabilität in der Gruppe ist die leitende Krankengymnastin noch nicht hundertprozentig von allen akzeptiert. Sie hat in der Gesprächsrunde auch keine Stellung bezogen, sondern sie fühlt sich als Teammitglied und verhält sich genauso demokratisch wie alle anderen auch. Die Gesprächsrunde endet ohne fachliches Ergebnis und mit dem Gefühl bei allen Beteiligten, nichts erreicht zu haben oder nichts richtig zu machen.*

Das Beispiel zeigt Sozial- und Kommunikationsverhalten. Was passiert in diesem Beispiel? Die *Arena*, d.h. die gemeinsame Gesprächsbasis, wird nicht geschaffen. Das Ziel des Gesprächs ist nicht eindeutig erkennbar. Die an der Gesprächsrunde Beteiligten der höheren Führungsebenen sind den Teilnehmern zwar in ihrer hierarchischen Einordnung, nicht jedoch als Person bekannt. Der Moderator will die Mitarbeiter in den Entscheidungsprozeß einbinden und sieht sich deshalb als Gruppenmitglied. Die Gruppe ist jedoch überfordert, weil das Vertrauensverhältnis noch im Aufbau begriffen ist. Die leitende Therapeutin war im Vorfeld nicht in die Zieldefinition der Arbeitsgruppe eingebunden und kann die Reaktionen der Gruppe deshalb nicht einschätzen und somit keine Stellung beziehen. Dies ist für die Mitarbeiter unverständlich.

Ergebnis ist, daß man vom Ziel der Standardisierung weiter entfernt ist als vorher. Durch das Gespräch wird – bei hohem Zeit- und Personaleinsatz – ein neues Problem geschaffen. Die leitende Krankengymnastin und der leitende Arzt haben an Kompetenz verloren. Das Interesse an der Partizipation in Form von Arbeitsgruppen ist gesunken.

3.2 Führungsstile

> **! Definition**
>
> Wir definieren „Führungsstil" als zielorientierte Umgangsformen und Verhaltensweisen von Führungskräften in Führungssituationen.
>
> Nach *Häusler* beschreibt „Führungsstil" die Form, in der die Führungsaufgaben von den Führungskräften im Rahmen der Organisation ausgeführt werden.[9]
>
> Nach *Witte* wird „Führungsstil" beschrieben als Varianten der Willensdurchsetzung, wobei jeder Führungsstil in einer eigenen Weise die Probleme der Leitungsorganisation unter Dominanz einer umfassenden Grundidee zu lösen versucht.[10]

Führungsstile bedürfen der Anpassung an die jeweilige Situation des Unternehmens. Daher kann es in einem Führungsmodell keine Festlegung geben, welcher Führungsstil grundsätzlich und welcher ausschließlich angewendet werden soll. Ganz allgemein gilt, daß der Führungsstil einen besonders hohen Einfluß auf die Motivation der Mitarbeiter hat.

Alle in der Zwischenzeit entwickelten oder beschriebenen Führungsstile gehen auf die Grundformen von *Lewin* zurück.[11] Diese im folgenden beschriebenen drei Grundtypen sind gleichwertige Formen. Die Bewertung eines Führungsstils wird immer von der Situation und dem Ergebnis abhängen.

Der weitverbreiteten Auffassung, bestimmte Führungsstile seien zu bevorzugen und andere Führungsstile zweckmäßigerweise überhaupt nicht einzusetzen, muß energisch widersprochen werden. So war der autoritäre Führungsstil während der Zeit des Wirtschaftswunders in Deutschland seiner Zeit angemessen, da in den Familien vielfach auch autoritär erzogen wurde. Lediglich die Orientierung an sachbezogenen Kriterien oder die persönlichen Dispositionen eines Mitarbeiters rechtfertigen die Anwendung eines bestimmten Führungsstils.

Eine Führungskraft sollte alle Führungsstile beherrschen und den jeweiligen Führungsstil je nach Zeitpunkt, Situation und Führungsmodell einsetzen. Ein Wechsel der Führungsstile ist also möglich, allerdings darf die Wahl des Führungsstils nicht abhängen von einer momentanen Laune, sonst wird die Glaubwürdigkeit der Führungskraft in Frage gestellt.

Der angewendete Führungsstil hat Einfluß auf

— die Art der Willensbildung
— die Verteilung der Entscheidungen auf die verschiedenen Ebenen
— die Art der Durchsetzung
— die Art der Kontrolle
— die Kommunikationsbeziehungen
— den Formalisierungs- und Organisationsgrad

Der autoritäre Führungsstil

— Die Führungskraft übernimmt die Planungshoheit, das heißt, die Entwicklung von Leitbildern, Unternehmenszielen und Teilzielen und legt sie als Vorgaben für alle fest.
— Kontrolle wird betont.

Der kooperative Führungsstil

— Die Mitarbeiter werden – im Gegensatz zu den autoritären Führungsstilen – an Führungsentscheidungen beteiligt.
— Die Beteiligung kann entweder lediglich beratender Art sein oder sich in Form eines demokratischen Willensbildungsprozesses vollziehen, an dem alle Beteiligten mitwirken.[12]

Laissez-faire

- Die Führungskraft benennt ein Ziel. Die Organisationswege dorthin bleiben offen.
- Die Führungskraft beteiligt sich nur minimal an Entscheidungen. Sie liefert auf Wunsch Informationen.
- Von Zeit zu Zeit wird ein Soll-Ist-Vergleich hergestellt.

Die einzelnen Führungsstile beinhalten unterschiedliche Ausprägungsgrade der Partizipation.

Der autoritäre Führungsstil kann sinnvoll sein,

- wenn in Krisensituationen Entscheidungen gefordert sind, die zur Sicherung des Unternehmens oder zur Sicherheit der Mitarbeiter beitragen.
- beim Einsatz neuer Organisationsformen (die z.B. in einer Modellphase erprobt wurden). Um die neuen Abläufe zu sichern und die neue Organisationsform zu stabilisieren, bedarf es für eine gewisse Zeit der Vorgabe von Zielen.

Beispiel *In einem Unternehmen, das bisher autoritär geführt wurde, wechselt die Führungsspitze. Die neue Führungskraft bevorzugt den kooperativen Führungsstil. In der Anfangsphase setzt sie jedoch hauptsächlich den autoritären Führungsstil ein, weil die Mitarbeiter noch nicht gelernt haben, mit kooperativem Führungsverhalten umzugehen. Würde von Beginn an schwerpunktmäßig der kooperative Führungsstil eingesetzt, käme es zu einer Verunsicherung der Mitarbeiter. Um diesen Führungsstil neu einzuführen, bedarf es der Kooperation der Mitarbeiter, da dem ein Lernprozeß vorausgehen muß.*

Der autoritäre Führungsstil stößt dann an seine Grenzen,

- wenn die krisenhafte Situation oder die Modellnachlaufphase beendet ist. Das heißt, daß der autoritäre Führungsstil auf Dauer im Sozialbereich nicht angemessen erscheint.
- wenn Kreativität der Mitarbeiter notwendig ist.

Der kooperative Führungsstil bietet sich an, wenn im Unternehmen eine stabile Situation gegeben ist und alles daraufhin deutet, daß dieser Zustand anhalten wird. **Er ist dann abzusetzen,** wenn sich das Kompetenzniveau der Mitarbeiter im Unternehmen wesentlich verändert.

Laissez-faire ist dann einsetzbar, wenn eine Gruppe modellhaft arbeitet, um eben eine neue Organisationsform zu finden. Von Zeit zu Zeit muß dann kontrolliert werden, ob dieser Zustand noch erreichbar ist. **Laissez-faire hat dann seine Grenzen,** wenn ein so gefundenes Modell umgesetzt werden kann und zum Standard wird.

3.3 Mitarbeiterbeurteilung

Bei der Einführung der Mitarbeiterbeurteilung im Unternehmen muß folgendes beachtet werden:

☑ **Checkliste**

Einführung Mitarbeiterbeurteilung

- ☐ alle Mitarbeiter vorab informieren
- ☐ abklären, inwieweit Mitarbeiter/Personalvertretung/Betriebsrat einbezogen werden sollen/müssen.
- ☐ Beurteilungskriterien offenlegen
- ☐ mittlere Führungsebene schulen
- ☐ Gesprächstermine frühzeitig bekanntgeben.

Schulung der Beurteiler

Stufe 1
Die entsprechende Führungsebene (= Beurteiler) hospitiert bei Beurteilungsgesprächen der übergeordneten Führungsebene. Anschließend erfolgt eine Reflexion des Beurteilungsgesprächs.

Stufe 2
Es erfolgt die Beurteilung der Mitarbeiter durch die entsprechende Führungsebene bei Anwesenheit der übergeordneten Führungsebene. Der Beurteiler bereitet die Beurteilung hierzu schriftlich vor und informiert oder bespricht sie mit der übergeordneten Ebene. Danach erfolgt wieder eine Reflexion des Beurteilungsgesprächs.

Stufe 3
Der Beurteiler führt Beurteilungsgespräche selbständig durch und lernt, Zeugnisse selbst zu formulieren.

Wie Sie ein angstfreies Beurteilungsgespräch gestalten

☑ **Checkliste**

Ablauf Beurteilungsgespräch

- ☐ angstfreie Atmosphäre herstellen
- ☐ Beurteilungskriterien allgemein bekanntgeben
- ☐ Standortbestimmung durchführen
- ☐ Mitarbeiter gibt Selbstbeurteilung ab
- ☐ Mitarbeiter gibt Vorgesetztenbeurteilung ab
- ☐ Führungskraft gibt Beurteilung ab
- ☐ Defizite ansprechen
- ☐ Ursachen für Defizite ergründen
- ☐ Stärken des Mitarbeiters aufzeigen
- ☐ Entwicklungsmöglichkeiten aufzeigen
- ☐ eventuell weiteren Gesprächstermin festlegen

Anmerkungen

❶ Wenn der zu beurteilende Mitarbeiter große Angst vor der Beurteilung hat, sollte die Führungskraft ihre Beurteilung auf jeden Fall zuerst abgeben.

❷ Zuerst sind die Defizite Gegenstand der Besprechung, weil der Mitarbeiter häufig seine Defizite kennt und darauf wartet, daß sie angesprochen werden. Daneben bleibt besonders die Atmosphäre am Gesprächsende im Gedächtnis haften. Entscheidend in dieser Gesprächsphase wird sein, daß die Defizite nicht einfach so stehenbleiben, sondern eine Planung erarbeitet wird, wie die Defizite abgebaut werden können.

❸ Ursache für Defizite beim Mitarbeiter kann auch die mangelnde Anleitung durch die Führungskraft selbst sein. In diesem Fall liegt eine Beurteilung der Führungskraft durch den Mitarbeiter vor.

❹ Fällt die Beurteilung extrem schlecht aus, so muß die Führungskraft unbedingt dafür sorgen, daß der Mitarbeiter nicht gebrochen aus dem Gespräch geht. Jeder Mensch hat gute Eigenschaften, die die Führungskraft dann aufzeigen sollte, auch wenn diese Eigenschaften selbst für die Beurteilung der Arbeit nicht relevant sind.

Das Folgegespräch
Das Folgegespräch dient dazu, festzustellen, ob die im Beurteilungsgespräch festgestellten Defizite tatsächlich ausgeräumt wurden oder wenigstens Verbesserungen eingetreten sind. Die Führungskraft muß sich hier genau überlegen, welche Schritte sie aufzeigen und vorschlagen wird, wenn keine Verbesserungen eingetreten sind.

Verhalten des Beurteilers
Das Verhalten des Beurteilers während des Beurteilungsgesprächs sollte sich von seinem Verhalten in Alltagssituationen nicht unterscheiden (z.B. gleicher Grad an Freundlichkeit).

Tip *Müssen Sie als Beurteiler einen Mitarbeiter beurteilen, der extrem hohe Defizite hat, die bei Ihnen bereits negative Emotionen ausgelöst haben, so vereinbaren Sie ein Gespräch mit Ihrer Führungskraft, bei dem Sie versuchen, Ihre Emotionen loszuwerden. Danach ist es meist möglich, mit der zu beurteilenden Person ein sachliches Beurteilungsgespräch zu führen.*

3.4 Mitarbeiter begleiten

Es muß eine strenge Trennung zwischen Begleitung und Kontrolle erfolgen. Sonst läuft man Gefahr, daß die Mitarbeiter jede Begleitung als Kontrolle erleben und dadurch die Begleitung nicht annehmen können.

Begleitung der Mitarbeiter bezieht sich sowohl auf den betrieblichen als auch auf den persönlichen Bereich, denn viele Ereignisse im privaten Bereich wirken sich auf die Arbeit des Mitarbeiters im Betrieb aus.

Betriebliche Begleitung

- sich anbahnende Konflikte erkennen
- verhindern, daß Konflikte aufbrechen
- gezielte Bearbeitung des Konflikts mit dem Mitarbeiter

Persönliche Begleitung

- sich als Ansprechpartner bereithalten
- mögliche Hilfen aufzeigen und anbieten
- individuell auf den einzelnen Mitarbeiter zugeschnitten

Obige Ausführungen beziehen sich immer auf die Begleitung eines einzelnen Mitarbeiters. Dies ist nicht zu verwechseln mit der Führungsaufgabe der Leitung einer Gruppe. Gibt es in der Gruppe Probleme, muß die direkt vorgesetzte Führungskraft ebenso versuchen, die Konflikte zu erkennen und zu lösen. Gelingt ihr das nicht, sollte die Führungskraft selbst Hilfe von der ihr übergeordneten Führungsebene erhalten. Die übergeordnete Führungsebene sollte jedoch nur auf ausdrücklichen Wunsch beider Seiten oder im Falle der Gefahr für das Unternehmen in das direkte Gespräch mit der Gruppe einbezogen werden.

Zur Begleitung der Mitarbeiter gehört auch, daß die Mitarbeiter Fehler machen dürfen. Die Fehler eines Mitarbeiters dürfen nicht als Katastrophe hingestellt werden. Dies würde die Motivation zerstören, denn wer nichts anpackt, der macht auch keine Fehler. Ein Fehler muß mit dem Mitarbeiter sachlich besprochen werden. Es müssen Wege aufgezeigt werden, wie er diese Fehler vermeiden kann. Dabei muß die Führungskraft dem Mitarbeiter das Gefühl vermitteln, daß er menschlich akzeptiert ist. Dies erfordert von der Führungskraft ein hohes Maß an persönlicher Kompetenz, vor allem dann, wenn sie dem Mitarbeiter eine neue Aufgabe überträgt.

4. Einsatz von Führungsinstrumenten

In den vorhergehenden Kapiteln wurden verschiedene Führungsinstrumente beschrieben. In diesem Kapitel geht es darum, wie und wann diese Instrumente eingesetzt werden können. Wie die Führungskraft mit dem jeweiligen Instrument umgeht, trägt zur Motivation bei.

Mitarbeiter beurteilen Führungskräfte unter anderem danach, wie sie an Problemstellungen herangehen und wie sie Entscheidungen herbeiführen. Die jeweilige Vorgehensweise hängt bei der Führungskraft ab

– von ihrer fachlichen Kompetenz – auch Fachpromotor genannt
– von ihrer Position innerhalb des Unternehmens, ihrer Einordnung in die Führungsebene – auch Machtpromotor genannt.

Einbindung des Mitarbeiters
Am folgenden Beispiel soll dargestellt werden, wie Führungsinstrumente eingesetzt werden:

Beispiel *Die Sachkosten speziell für die Inkontinenzmittel sind im Pflegebereich zu reduzieren. Das Bestellwesen muß daher innerhalb der nächsten acht Wochen günstigere Einkaufskonditionen finden.*

Entweder kann es darum gehen, neue Konditionen beim Einkauf zu finden, um bessere Einkaufspreise zu erzielen. Dann liegt ein reiner Sachbezug vor. Die Führungskraft wird dann lediglich dem Mitarbeiter mit dem größten Sachverstand für diese Fragen die Aufgabe übertragen.

Oder es geht darum, neue Produkte auszuwählen, weil das jetzige Produkt zuviel Abfall produziert und gleichzeitig zu teuer ist. Dann wird bei der Entscheidung zur Delegation der Problemlösung nicht nur der Sachverstand (wie bestelle ich? wie budgetiere ich?) des ins Auge gefaßten Mitarbeiters benötigt. Auch die Frage, ob und wie andere von dieser Entscheidung betroffene Mitarbeiter und Mitarbeiter mit speziellem Sachverstand in die Entscheidungsfindung einbezogen werden, ist von Bedeutung.

Kommt die Führungskraft zum Ergebnis, daß der Mitarbeiter die Aufgabe nicht allein lösen kann, muß sie nun beurteilen, ob ein Organisationsmittel, wie z.B. ein Arbeitskreis, existiert, dem die Aufgabe übertragen werden kann. Wird dann z.B. dem Arbeitskreis die Aufgabe übertragen, nach neuen Produkten zu suchen, muß die Führungskraft dafür sorgen, daß der für die Beschaffung zuständige Mitarbeiter wegen seiner Funktion und des damit zusammenhängenden Sachverstandes einbezogen wird. Würde dieser Mitarbeiter die Aufgabe ohne Arbeitskreis, nur mit seinem Sachverstand lösen, änderte sich zwar das Produkt, aber ohne daß die Anwender, das heißt, die anderen Berufsgruppen, die wertvolle Hinweise hätten geben können, einbezogen wurden. Mangelnde Akzeptanz bei den Anwendern wäre das Ergebnis.

Das Führungsinstrument in obigem Beispiel ist in erster Linie die Information und Kommunikation. Dabei hat die Führungskraft folgende Überlegungen angestellt: Bleibt das Produkt gleich? Im ersten Teil des Beispiels wird diese Frage mit „Ja" beantwortet und die Entscheidung der Zuständigkeit getroffen.

Im zweiten Teil des Beispiels soll sich auch das Produkt ändern. Die Führungskraft fragt sich, ob der Mitarbeiter in diesem Fall die nötige Fachkompetenz besitzt. Und es wird überlegt, welche Auswirkungen die Veränderung des Produkts auf die Mitarbeiter in der Praxis hat. Die Überlegung endet mit der Feststellung, daß die Mitarbeiter mit einer Reihe von Veränderungen konfrontiert würden. Daher ist die frühzeitige Einbindung der Mitarbeiter in die Entscheidungsvorbereitung wichtig. Dieses führt zur Entscheidung, ein Führungsinstrument, das informative und kommunikative Elemente besitzt, einzusetzen. Da dieser Arbeitskreis auch die Entscheidungskompetenz erhält, ist auch der Partizipationsgrad hoch.

Die Führungskraft darf im obigen Beispiel nicht den von seiner Funktion her für die Beschaffung zuständigen Mitarbeiter vernachlässigen: Der Fachpromotor und der Machtpromotor sind von Bedeutung. Die Führungskraft weiß, daß der für die Beschaffung zuständige Mitarbeiter in dieser Sache fachliches Wissen hat (Fachpromotor). Sie muß allerdings auch bedenken, wie die Karriereplanung dieses Mitarbeiters aussieht und welches Geltungsbedürfnis er hat, wie seine Akzeptanz und Stellung im Unternehmen ist. Dieses ist der Machtpromotor, mit dem er sich in den Arbeitskreis einbringen wird.

☑ **Checkliste**

Was Sie beim Einsatz von Führungsinstrumenten bedenken sollten

☐ **Definition von Aufgabe und Ziel**

Strategische Überlegungen
☐ Was muß gelöst werden?
☐ Wer kann es lösen?
☐ Welche motivierenden und demotivierenden Faktoren gibt es?
☐ Wie werden die Mitarbeiter ausgewählt?
☐ Wie werden die Mitarbeiter angesprochen?
☐ Wie kann der Erfolg für die Mitarbeiter maximiert werden?
☐ Wie wird der unternehmerische Erfolg berücksichtigt?

Festlegung des Aktionsrahmens
☐ Entscheidungszeitraum
☐ Budget
☐ Personen
  – Welche Personen mit welcher Kompetenz?
  – Wieviel Personen?
☐ Entscheidungskompetenz

Der Einsatz der Führungsinstrumente wird bestimmt

- von der zu erbringenden Leistung,
- kombiniert mit der vorgesehenen Funktion,

dem im Menschen vorhandenen Fachpromotor und Machtpromotor.

Außerdem sollte man sich bewußt machen, daß die Arbeitszufriedenheit und damit zusammenhängend die Motivation der Mitarbeiter Schwankungen unterworfen ist. Dieser Prozeß sollte durch gelungenen Einsatz der Führungsinstrumente durch die Führungskraft gesteuert und begleitet werden.

Das Schaubild auf Seite 85 zeigt das **Amplituden-Modell der Arbeitszufriedenheit**. Es dreht sich um den Zusammenhang zwischen Motivationsschwankungen und Planungs- und Durchführungsphasen im betrieblichen Prozeß.

Wenn im betrieblichen Ablauf ein Problem erkennbar wird oder sich eine neue Aufgabe stellt, wird mit der Erarbeitung von Lösungen begonnen, das heißt, eine **Planungsphase** beginnt. Die Motivation der Mitarbeiter steigt, wenn ein Lösungsansatz gesucht wird. Je näher man der Lösung kommt, desto größer wird die Motivation.

Ist die Lösung gefunden, beginnt die **Durchführungsphase**. Dabei bleibt die durch diesen Prozeß gestiegene Arbeitszufriedenheit zunächst auf hohem Niveau, bis sich neue Probleme auftun und damit die Arbeitszufriedenheit erneut sinkt und mit einem Motivationseinbruch zu rechnen ist.

Ziel der Führungskraft ist es, die Plateauphase der Arbeitszufriedenheit so lang wie möglich zu erhalten. Die fett gezogene Kurve in der Graphik stellt diesen Verlauf der Arbeitszufriedenheit dar, sozusagen die Ideallinie. Das Niveau der Ideallinie sollte sich im Zeitverlauf insgesamt anheben, was einer Qualitätsverbesserung gleichkommt.

Ist die Planungsphase zu kurz, steigt die Motivation überproportional. Dadurch versprechen sich die Mitarbeiter häufig zuviel von der Lösung. Erreichen sie dann nicht das erwartete Ergebnis, kommt es schnell zu einem starken Einbruch in der Arbeitszufriedenheit. Deutlich wird dies in der Graphik durch die gestrichelte Kurve. Diese Kurve weist eine höhere Amplitude auf bei der Idealkurve, was in der Praxis einer hohen Unruhe im Betrieb gleichkommt. In einer Modellphase kann dieses durchaus sinnvoll sein. Soll jedoch kontinuierlich eine bessere Leistung erbracht werden, ist dieser Kurvenverlauf für das Unternehmen gefährlich. Die Plateauphase bedeutet gleichzeitig auch eine Erholungsphase für die Mitarbeiter.

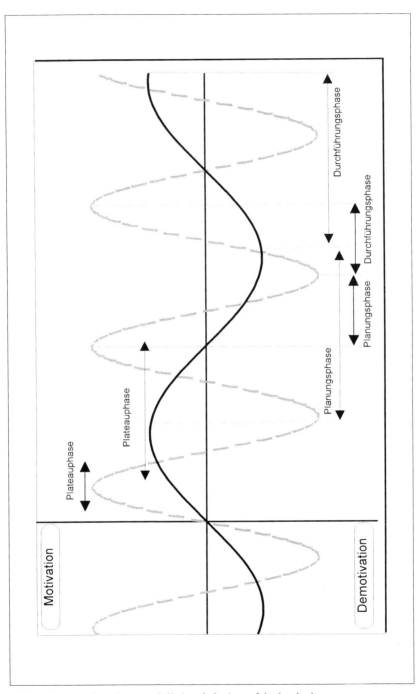

Abb. 7: Amplitudenmodell der Arbeitszufriedenheit

Sind die Planungsphasen zu lang, d.h. die Amplitude tendiert gegen Null, dann gibt es zwar keine großen Schwankungen in der Arbeitszufriedenheit. Allerdings wird die Arbeit für die Mitarbeiter langweilig, weil kaum ein Fortschritt erkennbar ist und keine neuen Anforderungen gestellt werden. Im Sozialbereich, in dem Dienstleistung am Menschen erbracht wird, ändern sich die Anforderungen an das Unternehmen und die Mitarbeiter jedoch ständig. Hauptauslöser ist das Klientel, d.h., der einzelne Mensch sowie die Gesellschaft als Ganzes. Stellt man sich im Innern der Organisation nicht neu auf die Auswirkungen der veränderten Rahmenbedingungen ein, entsteht Frustration, die gleichbedeutend mit Demotivation ist.

Spätestens wenn die Kurve die x-Achse in Richtung Demotivation schneidet, muß die Führungskraft erkennen, daß es ein Problem gibt und eine Planungsphase einleiten. Idealerweise sollte die Führung bereits dann, wenn man sich auf dem Plateau befindet, vorausschauend erkennen, wo sich neue Problemfelder ergeben können und neue Ziele definieren und entscheiden, wann der richtige Zeitpunkt für neue Planungsprozesse gekommen ist, so daß ein neuer parabolischer Ablauf eingeleitet werden muß.

Um der Idealkurve möglichst nahe zu kommen, sollte der Verlauf der Planungsphase der Parabel „Erkennen des Problems – Informationsgewinnung – Erarbeitung von Lösungsvarianten – Entscheidung" entsprechen.

Die **Phase der Informationsgewinnung** sollte nicht zu kurz sein, was einer gründlichen Entscheidungsvorbereitung gleichkommt. Alle sach- und personenbezogenen Einflußfaktoren sollen berücksichtigt werden. Da die Einflußfaktoren des Problems nicht sofort sichtbar sind, muß man in die Tiefe gehen – wie beim Bild vom Eisberg, bei dem 95 % unterhalb der Wasseroberfläche liegen, also nicht erkennbar, sondern nur zu erahnen sind. Die Dauer der Phase der Informationsgewinnung muß jedoch im rechten Verhältnis zur Durchführungsphase und zur Bedeutung des Problems für das Unternehmen stehen.

In der **Phase der Erarbeitung von Lösungsvarianten** hat der Einsatz der Führungsinstrumente große Bedeutung. Hier liegt der Schwerpunkt in der Führungsverantwortung, denn es werden die Voraussetzungen für die spätere Durchführungsphase geschaffen. In dieser Phase wird erkennbar, ob Mitarbeiter zur Veränderung bereit sind – z.B. durch das Ausmaß der aktiven Mitarbeit und die Art der Lösungsvorschläge.

Die richtige Entscheidung ist dann getroffen, wenn sofort im Anschluß an die Entscheidung mit der Durchführung begonnen werden kann.

Je besser die Entscheidung vorbereitet ist, umso schneller und weniger störanfällig gelingt die Durchführung und umso länger ist die Plateauphase der Arbeitszufriedenheit.

V. Managementprinzipien

Alles bisher Erarbeitete läßt sich nunmehr zusammenfassen in den **Managementtheorien,** die damit von den Grundfragen und -aufgaben der Führung über methodische Ansätze bis zu den Führungsmodellen alle Komponenten enthalten.

- Sie treten vorwiegend in der Formulierung „management by" auf und haben den Zweck, der Führungskraft effiziente Verhaltensweisen zu empfehlen.

- Managementprinzipien werden auch Führungsprinzipien oder Führungstechniken genannt.[13]

- Inhalte der Managementprinzipien sind in erster Linie organisatorische Probleme und ihre Lösung im Rahmen der Führungsaufgabe.[14]

Die im folgenden dargestellten Managementprinzipien sind **theoretische Modelle der Unternehmensführung,** die zu unterschiedlichen Zeiten entstanden und von unterschiedlichen Gesellschaftsformen beeinflußt wurden.

- Die älteste Form ist das 'Management by Organisation', das ursprünglich für den staatlichen Bereich geschaffen wurde und zur Aufgabe hatte, ein immer gleichbleibendes Produkt der Dienstleistung des Staates herzustellen. Die Produktgestaltung sollte ausgeschlossen werden und auch weitgehend der personenbezogene Einfluß.

- Die Form des 'Management by Delegation' hat dagegen die Intention, bis in die kleinste produzierende Einheit hinein Gestaltungselemente zuzulassen und damit das Produkt modifizierbar zu machen.

- Das 'Management by Motivation' arbeitet demgegenüber mit Funktionsbeschreibungen, die eine sehr weitgehende Produktgestaltung möglich machen und die Funktionalität durch Hierarchie betonen.

In der Regel werden die Managementprinzipien nicht in reiner Form angewandt, sondern in unterschiedlichen Führungsebenen trifft man auch unterschiedliche Managementprinzipien an. Bedenklich wird die uneinheitliche Verwendung lediglich dort, wo in derselben Führungsebene für den Mitarbeiter ohne ersichtlichen Grund unterschiedliche Managementprinzipien angewandt werden. Daraus muß zwangsläufig ein Zielkonflikt entstehen.

Die einzelnen Managementprinzipien können wie folgt beschrieben werden:

1. Management by Organisation

'Management by Organisation' ist ein Managementsystem, das **sowohl hierarchisch als auch kollegial** aufgebaut sein kann. Es macht also die Beziehungen und Abgrenzungen der Zuständigkeit der einzelnen Funktionseinheiten schichtweise ersichtlich. Die Übergänge müssen klar definiert werden. Diese Form wird daher Zuständigkeiten und Grenzen gleich präzise erfassen. Der Ausführungsspielraum wird gering gehalten, die Partizipation reduziert und damit die Möglichkeit geschaffen, viele Entscheidungen unter Sicherheitsbedingungen zu treffen. Es bedarf deshalb zwingend der Aufbau- und Ablauforganisation als Organisationshilfsmittel. Bei entsprechender Ausprägung wird eine vollautomatisch wirkende Produktherstellung erreicht. Dies hat eine automatisch eintretende Kontrollfunktion zur Folge.

Vorteile

- Hohe Transparenz der organisatorischen Abläufe und hierarchischen Abgrenzungen.
- Durch grafische Darstellung und die ablauforganisatorische Form ist das Modell leicht erklärbar.
- Alle Organisationswege sind ohne fremde Hilfe erkennbar.
- Das Modell ist ohne großen Aufwand änderbar.
- Es vermittelt den Menschen im Unternehmen eine hohe Sicherheit.
- Es sichert ein immer gleichbleibendes Produkt.

Nachteile

- Das Modell stellt wenig Anforderungen an die Kreativität des Menschen im Unternehmen.
- Die Handhabung des Systems ist eher träge. Im Laufe der Zeit entwickelt sich ein hohes Beharrungsvermögen, das auf den einmal getroffenen Festlegungen besteht.
- Die Anpassung an veränderte Marktverhältnisse fällt schwer und damit ist eine Produktanpassung geradezu ausgeschlossen.
- Das Modell fördert gruppenegoistische Züge durch die Tatsache, daß es bei einem solchen Modell mehrere Funktionseinheiten gleicher Ausprägung gibt.

Beispiel *Der Posteingang ist dem Sekretariat zugeordnet. In dieser Organisation ist festgelegt, wann die Post bearbeitet wird, welche Post geöffnet wird – dabei sind die Stufen allgemein/persönlich/persönlich vertraulich zu beachten. Vom Eingangsstempel bis zum Verteilerstempel ist der Durchlauf genau geregelt. Wer die Post bearbeitet, muß nicht ausgesprochen werden. Die Funktion ist dem Bereich zugeordnet. Erforderlich ist dabei ein hoher Organisationsgrad, es darf keine Organisationslücke geben. Ein hoher Partizipationsgrad kann hier gegeben sein.*

Für den Pflegebereich kann dieses Managementprinzip auf die Zimmerpflege, die Gruppenpflege oder Funktionspflege angewandt werden: Hier würde die Organisationsgrenze das Zimmer oder die Gruppe sein; bei der Funktionspflege geht sie darüber hinaus. Hier werden einzelne Tätigkeiten zugeordnet.

Negativ ist, wenn die Organisation den Ablauf derart bestimmt, daß dieser den Kundenbedürfnissen nicht mehr gerecht wird. Auch der Mitarbeiter ist in dieser Organisationsform gebunden. Bei Veränderung der Organisation muß auch der Mitarbeiter erst geschult werden.

2. Management by Delegation

Dieses Modell beschreibt die Delegationswege, auf denen Delegationsbereiche transportiert werden. Die Aufgabenstruktur wird nicht vollständig beschrieben, sondern als Delegationsbereich aus der Gesamtaufgabe des Unternehmens genommen. Die Aufbau- und Ablauforganisation sind bei diesem Modell Hilfsmittel zur Veranschaulichung. Es werden Mittel eingesetzt, die die Delegationswege festlegen. Diese Mittel sind

– die Dienstanweisung
– die Systemanweisung

Die Dienstanweisung
Sie ist eine generalisierende Anweisung, die den Delegationsbereich beschreibt, eingrenzt, systematisiert und allgemein verbindlich ist.

Beispiel *Mitarbeiter dürfen im Heimbereich (=Delegationsbereich) nicht rauchen, nur im Raucherzimmer während der Pausenzeiten. Dies ist eine allgemein verbindliche Anweisung. Wer ihr zuwiderhandelt, müßte eine Abmahnung bekommen. Dies gilt generalisierend für alle.*

Die Systemanweisung
Sie ist eine Anweisung, die das bestehende Organisationssystem der Delegationswege zeitweise aufhebt oder verändert. Die Betonung liegt auf zeitweise. Nach einer angemessenen Frist tritt der vorhergehende Zustand wieder ein.

Beispiel 1 *Ein Sozialunternehmen hat Liquiditätsschwierigkeiten. Das Budget der angegliederten Einrichtungen darf nicht überschritten werden. Um keine Gefahr für das Gesamtunternehmen aufkommen zu lassen, wird in die Planungs- und Entscheidungshoheit der Einrichtungsleiter eingegriffen. Beispielsweise bedarf die Einstellung neuer Mtarbeiter – egal welcher Ebene – der Zustimmung der den Heimleitern vorgesetzten Ebene.*

Beispiel 2 *Wenn im Falle einer Grippeepidemie in einem Heim der Großteil der Mitarbeiter zur Versorgung der Bewohner ausfällt, muß ein Notfallplan in Kraft treten. Dieser kann die Systemanweisung enthalten:„Bei x % Ausfall der Mitarbeiter Einschalten anderer Hilfsdienste, bei y % Ausfall der Mitarbeiter Verlegung der Bewohner in andere Einrichtung".*

Die Detailanweisung
Sie ist eine Anweisung zur Regelung eines in der Organisation nicht vorgesehenen Sachverhaltes, der gekennzeichnet ist durch Einmaligkeit oder statistisch geringe Wiederholungswahrscheinlichkeit.

Beispiel *In einer Institution ist ein Bewohner oder Patient erkrankt mit Verdacht auf Tuberkulose. Nun muß folgende Detailanweisung befolgt werden:*

1. *Diagnostik*
2. *bei positivem Ergebnis: Isolierung des Betroffenen und Behandlung*
3. *Information an das Gesundheitsamt*

Vorteile

- Gestaltungsfähigkeit der Delegationsbereiche. Sie sind weit oder eng faßbar und damit anpaßbar.
- Das Modell legt eine gewisse Sorgfaltsverpflichtung des Delegationsempfängers zugrunde.
- Eine Anpassung des Produktes ist in beschränktem Umfang möglich.
- Die Zerlegung der Gesamtaufgabe des Unternehmens in Teilaufgaben als Delegationsbereiche fördert die Kooperation im Unternehmen.

Nachteile

- Das Modell ist weniger transparent als das vorher beschriebene.
- Das Kompetenzniveau des Personals muß mit den Anforderungen des Modells korrespondieren. Wenn dies nicht der Fall ist, entstehen erhebliche Zielkonflikte.
- In der Praxis werden die Delegationsbereiche selten angemessen beschrieben.

Delegation ist immer entweder auf eine Person, eine Funktion oder einen Bereich zugeschnitten.

Beispiel *Eine Stadt hat Personalwohnungen für städtische Angestellte. Um den Verwaltungsaufwand effizienter zu gestalten, delegiert sie die Verwaltung des Personalwohnheims am städtischen Krankenhaus an den Verwaltungsleiter der Kliniken. Wie der Verwaltungsleiter in seinem Funktionsbereich organisiert, liegt in seinem Ermessen.*

3. Management by Motivation

Management by Motivation zielt darauf ab, daß der arbeitende Mensch sein Arbeitsfeld selbst gestalten will, knüpft also an die Ausgangsposition der Motivationslehre an. Es ist ein Modell, das nur strukturelle Wirkung auf den arbeitenden Menschen ausübt und damit Einflüsse anderer Faktoren, wie z.B. der Hierarchie, lindert. Die Aufgabenzuordnung erfolgt über die bereits beschriebenen Funktionsbeschreibungen, die die Position der jeweiligen Funktion im Unternehmen strukturell einordnen. Die Steuerung kann über Handlungsziele erfolgen, es findet nur sektorale Ergebniskontrolle statt. Sämtliche Partizipationsstufen sind denkbar.

Vorteile

- Die Kreativität der Mitarbeiter ist gefragt und die Entwicklung der Kreativität kann angestoßen werden. Dieser Ansatz kann hohe Berufs- und Arbeitszufriedenheit schaffen.
- Zwischen den Funktionsbereichen ist ein Austausch möglich, auch dort, wo die Abgrenzungen eine andere Organisationsprämisse setzen. Ein kollegiales System kann entstehen.
- Die Möglichkeiten der Produktgestaltung sind maximiert. Damit ist eine rasche und hohe Anpassungsfähigkeit an Marktveränderungen gegeben.

Nachteile

- Kreative Momente im Menschen – sind sie einmal angestoßen – lassen sich kaum organisieren.
- Das Modell eignet sich nicht, wenn eine Produktgleichheit am Ende eines Produktionsprozesses notwendig ist.
- Die Transparenz des Organisationsansatzes ist schwer herzustellen.
- Die Organisationsstrukturen sind schwer zu erkennen.
- Ohne einen Organisationsgrad, der auf das System ausgerichtet ist, sind der Überblick für die Führung gefährdet und damit die Möglichkeiten der Konfliktsteuerung reduziert.

Es erfordert darüber hinaus vom Anwender ein hohes Kompetenzniveau. Ist das nicht vorhanden, ist sehr schnell Überforderung und Demotivation die Folge und die Fehlerquote steigt.

Die dargestellten Management-by-Ansätze verdeutlichen, daß es sich bei Managementprinzipien um Richtlinien handelt, die der Führungskraft ermöglichen sollen, möglichst viel Freiraum für den dispositiven Faktor zu erhalten, um damit den unternehmerischen Erfolg zu optimieren. Sie sind so allgemein gehalten, daß sie ihre Gültigkeit durch die Veränderung von Rahmenbedingungen nicht verlieren.

VI. Führungserfolg

1. Dimensionen

Führungserfolg kann nach *Rosenstiel/Regnet/Domsch* gemessen werden an den Wirkungen des Führungsverhaltens. Bei den Wirkungen lassen sich zwei Dimensionen unterscheiden: Effizienzdimension und Humandimension. Im vorliegenden Buch wird das Augenmerk auf die Humandimension der Führung gelegt.

Die Betrachtung des Erfolgs der Führung hängt davon ab, wie die Führung nach innen und außen wirkt. Hierfür haben die Mitarbeiter grundsätzlich zwei Perspektiven:

- **Mikroperspektive**
  Der Mitarbeiter beobachtet und beurteilt die kleinste produzierende Einheit, in der er tätig ist.

- **Makroperspektive**
  Der Mitarbeiter sieht das Umfeld seines Unternehmens.

Die beiden Perspektiven beeinflussen einander.

1.1 Mikroperspektive

Die Mikroperspektive beschreibt die für den im Unternehmen arbeitenden Menschen in seiner kleinsten produzierenden Einheit sichtbaren Führungselemente.

Die Mitarbeiter werden das Führungsverhalten des Vorgesetzten in erster Linie messen an:

- dessen **Einstellung zum Mitarbeiter**
  Es ist unbedingt erforderlich, daß der Vorgesetzte eine positive Einstellung zum Mitarbeiter hat.

- der **Qualität und der Häufigkeit der Kontakte**
  Ist die Qualität gut, dann wird die Häufigkeit zweitrangig. Es wird zwar der Wunsch nach mehr Kontakten steigen, gleichzeitig aber das Verständnis dafür, wenn dies nicht möglich ist.

- den **Verhandlungsmotiven des Vorgesetzten**
  Darunter verstehen wir die Beweggründe für das Verhalten des Vorgesetzten. Motive und Verhalten sollten bei der Führungskraft übereinstimmen. Die Mitarbeiter bemerken nämlich sehr schnell, ob die Motive der Führungskraft auf das Wohl der Mitarbeiter gerichtet sind. Ist dies der Fall, so entsteht Vertrauen zwischen Mitarbeiter und Führungskraft.

- der **Bindung der Mitarbeiter an das Führungssystem**
  Hier ist wichtig, daß die Führungskraft den Mitarbeitern Rückmeldung über Arbeit und Erfolg erstattet.

Beispiel *Als eines der Teilziele in der Sozialstation wird definiert, mit den Patienten freundlich, respektvoll und höflich umzugehen. Im Gegenzug erwartet der Mitarbeiter von der Führungskraft, daß sie genau diese Vorgaben auch im Umgang mit den Mitarbeitern einhält. In der Mikroperspektive wird der Mitarbeiter bewerten, inwieweit die Forderung, die für den Außenkontakt gilt, auch nach innen verfolgt wird.*

Daneben ist für die Mikroperspektive des Mitarbeiters wichtig, daß er seine Aufgaben kennt, das heißt, er muß das Ordnungssystem kennen. Dieses besteht nicht nur in hierarchischen Unterschieden. Es gibt Bereiche, die großen Gestaltungsspielraum zulassen und andere, in denen klare Vorgaben gemacht werden müssen.

Mann kann an der Art der formalen Organisationsstrukturen des Unternehmens das Führungskonzept erkennen. Entsteht eine Verunsicherung bei den Mitarbeitern, weil das Führungsverhalten mit der formalen Organisation nicht übereinstimmt, muß die Führungskraft die formale Organisation überprüfen.

☐ dem **Sozialklima**

> Führung beschränkt sich nicht darauf, äußere Umstände zu verändern. Auch eine Veränderung der inneren Zustände wird angestrebt. Wenn eine Führungskraft lediglich äußere Umstände verändert, aber den Veränderungen, die dadurch in inneren Bereichen in Gang gesetzt werden, keine Beachtung schenkt, so erreicht sie eigentlich nur Unruhe in der Mitarbeiterschaft. Um damit fertig zu werden, setzen diese Führungskräfte meist wieder nur äußerlich wirksame Regelungen ein.

> Bei relativ unbedeutenden Veränderungen äußerer Umstände genügt, um Unruhe zu vermeiden, daß die Führungskraft ganz einfach gute Umgangsformen an den Tag legt.

1.2 Makroperspektive

Die Makroperspektive ist der Raum, aus dem heraus der im Unternehmen arbeitende Mensch das eigene Unternehmen beurteilt – etwa nach den Kriterien Ansehen oder Marktbedeutung. Dabei sind verschiedene **Kriterien** wirksam.

Marketingstrategie, mit der das Unternehmen seine Konzeption auf dem Markt präsentiert

Der Mitarbeiter registriert, wie seine Arbeit in der Öffentlichkeit dargestellt wird – sei es über die Betrachtung der Anzeigenwerbung und anderer Werbemittel, seien es Initiativen wie Jubiläen oder Sponsoringeinsatz oder die Präsenz in der Presse.

Beispiel *Zum Konzept eines Anbieters kann es gehören, sich entweder zu spezialisieren oder sich auf den sich erweiternden Markt auszurichten. Ein spezielles Angebot könnte sein, nur Sonderpflegedienste anzubieten. Auf der anderen Seite könnte angestrebt sein, daneben viele periphere Dienstleistungen im Angebot zu haben, wie Kurzzeitpflege, Tagespflege, Begegnungsstätte und offener Mittagstisch.*

Die innovativen Elemente eines Unternehmens sind Gegenstand dieser konzeptionellen Darstellung und der Marketingstrategie
Innovation in der Makroperspektive heißt, nach außen aufzuzeigen,

- wo das Unternehmen neue Ansätze sieht, die in Angriff genommen werden sollen,
- was das Unternehmen in Zukunft leisten will.

Die Darstellung nach außen muß so sein, daß sich die Mitarbeiter darin wiederfinden.

Beispiel *Wenn die Konzeption eines Altenheimes heißt, umfassende Hilfe für arme alte Menschen zu leisten, dann würden sich die Mitarbeiter darin nicht wiederfinden, wenn sie wissen, daß Voraussetzung für eine Heimaufnahme eine hohe Kapitaleinlage ist.*

Die Strukturen im Unternehmen müssen so sein, daß man selbst auf dem Markt Impulse geben sowie auf Impulse des Marktes reagieren kann.

2. Die Führungskraft und ihr eigener Erfolg

☑ **Checkliste**

Unter der Annahme, daß zum Führungsstil eine hohe Partizipationsstufe gehört, definiert die Führungskraft ihre Arbeit als erfolgreich, wenn

- ☐ die von ihr gesetzten Ziele von den Mitarbeitern erreicht wurden
- ☐ die Mitarbeiter der Meinung sind, sie selbst haben diese Ziele mitbestimmt
- ☐ die Mitarbeiter zufrieden sind mit ihrer eigenen Leistung
- ☐ die Mitarbeiter zufrieden sind mit der Leistung der Führungskraft
- ☐ sie zufrieden ist mit der Qualität der Leistung
- ☐ sie einen Konflikt zu ihrer Zufriedenheit gelöst hat
- ☐ wenn von nachgeordneten Ebenen Impulse ausgehen, die die Führungskraft zu eigenen Zielen erklärt
- ☐ wenn Mitarbeiter in ihrem Bereich den gleichen Führungsstil praktizieren
- ☐ wenn Mitarbeiter ihre Arbeit der Öffentlichkeit gerne und positiv präsentieren
- ☐ wenn Mitarbeiter konflikt- und kritikfähig werden
- ☐ wenn Mitarbeiter eine hohe Bereitschaft zeigen, sich weiterzubilden und das Erlernte umsetzen
- ☐ wenn Mitarbeiter bereit sind, neue Aufgaben zu übernehmen
- ☐ wenn es geringe Fehlzeiten und eine niedrige Fluktuationsrate gibt
- ☐ wenn Mitarbeiter im eigenen Unternehmen Karriere machen
- ☐ wenn sich Mitarbeiter bei der täglichen Ausbildung engagieren, um die Zukunft des eigenen Unternehmens zu sichern
- ☐ wenn von Mitarbeitern die Möglichkeit, Kritik zu üben, wahrgenommen wird
- ☐ wenn vom Mitarbeiter eingebrachte Verbesserungsvorschläge umsetzbar sind
- ☐ wenn Mitabeiter eine gute Leistung erbracht haben und das Lob der Führungskraft von ihnen angenommen wird

> **! Merke**
>
> Wenn Mitarbeiter eine Aufgabe positiv ausgeführt haben, steht ihnen dieser Erfolg zu und sollte ihnen mitgeteilt werden.

Ein scheinbarer Mangel an Erfolgserlebnissen führt bei Führungskräften häufig dazu, daß sie die Handlungsspielräume für ihre Mitarbeiter einengen.

> **! Merke**
>
> Die Führungskraft muß Erfolg für sich selbst definieren, da die Mitarbeiter selten direkte Rückmeldung geben.

Beispiel   *Die Mitarbeiter erhalten die Aufgabe, eine EDV-Konzeption zu entwickeln. Der dafür zur Verfügung stehende Zeitraum beträgt zwei Jahre. Ziel ist, daß alle Bereiche bzw. Berufsgruppen, die mit dem Kunden arbeiten, in die Konzeptentwicklung einbezogen werden und daß die Gruppe Kostenvoranschläge bis zur Entscheidungsvorlage erarbeitet. Es wird ein Projektleiter benannt, der die Mitarbeiter aller Bereiche einbeziehen soll. Die Führungskraft darf während der zwei Jahre nicht in den Kompetenzbereich der Gruppe hineinregieren! Das heißt, sie darf die einbezogenen Mitarbeiter nicht kontrollieren, sondern nur überwachen. Sollte der Projektleiter eine solche Aufgabe zum ersten Mal übernehmen, so muß sie ihn unterstützen. Sie steht zwar dem Projektleiter als Gesprächspartner zur Verfügung, nicht aber der Projektgruppe. Der Erfolg bleibt durch dieses Vorgehen letztendlich bei der Projektgruppe, die der Führungskraft als dem Auftraggeber gemeinsam die Ergebnisse der Arbeit präsentieren kann.*

Die Führungskraft kann es in diesem Beispiel als eigenen Erfolg ansehen, wenn das Ziel für die Gruppe so gesetzt war, daß die Projektgruppe zum Erfolg kam. Die Führungstätigkeit besteht in diesem Beispiel in der Hilfestellung für den Projektleiter, d.h. in der Kommunikation und Reflexion über das Projekt. Es handelt sich gleichzeitig um ein Beispiel für einen sehr hohen Partizipationsgrad.

Beispiel *Mitarbeitern eines Pflegeheims ist es peinlich, daß die sogenannte Schwerstpflege so viel Geld kostet. Sie bringen dies immer wieder den Betroffenen und der Leitung gegenüber deutlich zum Ausdruck. Für die Führungskraft ergibt sich daraus das Ziel, die Einstellung der Mitarbeiter zur Wertigkeit der Arbeit zu verbessern und betriebswirtschaftliche Zusammenhänge zu verdeutlichen. Entsprechende Maßnahmen werden eingeleitet. Ändert sich daraufhin die Einstellung der Mitarbeiter, so kann dies als Führungserfolg gewertet werden.*

Die Führungskraft kann zwar von außen betrachtet einen Erfolg verzeichnen, dies muß nicht in allen Fällen zwangsläufig tatsächlich einen Erfolg bedeuten.

Beispiel *Die Mitarbeiter eines sozialen Unternehmens werden von der Führungskraft im Bereich Öffentlichkeitsarbeit geschult. Als Erfolgskontrolle wird die Korrespondenz mit Klienten nach der Schulung noch über einen gewissen Zeitraum hinweg kontrolliert. Nach kurzer Zeit setzen die Mitarbeiter das Erlernte öffentlichkeitswirksam ein. Darüber hinaus sorgen sie für die Weitergabe dieses Wissens an neue Mitarbeiter. Die Führungskraft läßt sich weiterhin die Korrespondenz vorlegen. Die Mitarbeiter sehen darin keinen Sinn und führen nur noch die Handlung korrekt aus.*

Dieses Beispiel zeigt, daß aus dem ursprünglichen Erfolg – d.h. der gelungenen Schulung der Mitarbeiter in den öffentlichkeitswirksamen Zielen – ein Mißerfolg geworden ist. Aus Sicht der Mitarbeiter muß jeder Brief vorgelegt werden und sie empfinden zu Recht die Kontrolle der Führungskraft als demotivierend. Die Führungsperson nimmt sich im Prinzip ihren eigenen Erfolg und engt sogar noch den Handlungsspielraum der Mitarbeiter ein durch mangelndes Vertrauen in die Fähigkeiten der Mitarbeiter.

3. Erfolgreicher Umgang mit Zielkonflikten

Erfolg definiert sich u.a. über ein **geringes Ausmaß an Zielkonflikten**. Aber Zielkonflikte werden nie ganz zu vermeiden sein. Die Frage ist also nicht, ob sie entstehen, sondern vielmehr, wie sie beseitigt werden können. Dabei kommt es darauf an, wie die Ursachen für den Zielkonflikt deutlich gemacht werden und wie die Führungskraft die ihr unterstellten leitenden Mitarbeiter in die Lösung einbezieht.

Jeder Mitarbeiter bringt Vorstellungen über die Ziele des Unternehmens und von seiner Arbeit mit ins Unternehmen. Es geht darum, diese Ziele zu überprüfen und den Unternehmenszielen, Teilzielen und Leitbildern anzugleichen. Dazu bedarf es eines Instrumentariums. Das brauchbarste Instrument ist – bei entsprechender Partizipationsstufe – die **Beteiligung der Mitarbeiter**, über Information und Kommunikation. Dies geschieht in der Form von

- Arbeitsgruppen
- Projektgruppen
- Steuerungsgruppen

Beispiel   Neuaufbau einer weiteren Klinik

In jahrelanger Arbeit wurde bei einer hohen Partizipation nach einem gemeinsamen Leitbild und aufgrund gemeinsam formulierter Ziele in einer Klinik gearbeitet. Bei der Erweiterung dieser Klinik wird von den Stationsleitungen erwartet, vergleichbare Ergebnisse wie auf den etablierten Stationen in kurzer Zeit zu erreichen. Die Personalstruktur besteht fast ausschließlich aus neuen Mitarbeitern. Diese Rahmenbedingungen zwingen die Stationsleitungen zu einer im Vergleich zu bisher veränderten Vorgehensweise. Bei den neuen Mitarbeitern kann nicht das erste Ziel sein, das Leitbild zu vermitteln, damit darüber die gewünschten Ergebnisse erzielt werden. Stattdessen hat Priorität, daß alle Mitarbeiter die gewünschten Arbeitsmethoden in kürzester Zeit sicher anwenden. Das bedeutet, daß dies nicht in monatelangen Arbeitskreisen erarbeitet werden kann - was die Leitungen wünschen und gewohnt sind – sondern daß Steuerungselemente eingesetzt werden müssen: Für die Dauer der Aufbauphase muß mit Handlungsanweisungen gearbeitet werden, um zum gewünschten Ergebnis zu kommen. Das ergebnisorientierte Ziel ändert sich nicht.

Bei dieser Vorgehensweise ergibt sich für die Stationsleitungen das Problem: Die seither im Interesse einer hohen Motivation der Mitarbeiter praktizierte Partizipationsstufe muß verlassen, die Führungstechnik also angepaßt werden. Die Stationsleitungen müssen bedenken, daß die Makroperspektive der neuen Mitarbeiter seither vom hohen Partizipationsgrad beeinflußt war. Es ist wichtig, diesen neuen Mitarbeitern zu vermitteln, daß trotz der momentan notwendigen Vorgehensweise grundsätzlich nicht von den Zielen und der hohen Partizipation abgewichen werden wird.

Es besteht allerdings die Gefahr, daß für die Stationsleitungen ein Zielkonflikt entsteht,

- *wenn die Situation nicht genau analysiert wird oder*
- *wenn nicht rechtzeitig erkannt wird, wann die Partizipationsstufe verändert werden muß.*

Einen Führungserfolg können die Leitungen in diesem Beispiel für sich in Anspruch nehmen, wenn die Mitarbeiter für die Zeit der Aufbauphase akzeptieren, daß sich das Partizipationsausmaß verändert.

Bleiben Konflikte bestehen, können diese in verschiedenen Mitarbeitergruppen aufbrechen. Die Folge davon ist häufig ein Motivationseinbruch. Die Ziele des Unternehmens werden nicht mehr mitgetragen. Im Extremfall folgt eine Kündigungswelle und eine Negativdarstellung des Unternehmens durch die Mitarbeiter in der Makroperspektive. Dies kann eine Reduzierung von Neubewerbungen nach sich ziehen.

> **! Merke**
>
> Wenn die Führung Mißerfolge feststellt, sollte die Konfliktlösung zügig und aktiv angegangen werden. Dazu gehört auch der Mut, dieses offen zuzugeben und von außen Unterstützung zur Lösung des Konflikts einzuholen.

Beispiel für Konfliktsteuerung *Bei Neueinstellungen war es nicht möglich, die neuen Mitarbeiter in der bestehenden Gruppe zu integrieren. Dies hat massive Auswirkungen auf die Qualität der Versorgung der Bewohner. Belegungszahlen sinken, die Fluktuationsrate steigt und direkte Beschwerden der Mitarbeiter an die oberste Führungsebene nehmen zu. Die Konfliktlösung aus eigener Kraft ist nicht machbar, da das Führungsverhalten der Leitung nicht gestimmt hat. Es wird daher ein externer Krisenmanager eingesetzt, der die Leitung des Hauses übernimmt. Im zweiten Schritt wird der Krisenmanager die Auswirkungen des Konflikts auf das Unternehmen, die Gruppe sowie einzelne Personen überprüfen. Im dritten Schritt ist zu entscheiden, wie und in welcher Form der Konflikt gelöst werden soll.*

4. Wesen des Führungserfolgs in Sozialunternehmen

Bei der Führung – besonders im Sozialbereich – ist nichts selbstverständlich, aber vieles wird in diesem Bereich für selbstverständlich gehalten. Das Ableiten von Führungserfolg scheint dann nicht möglich.

Im Sozialbereich dreht sich das ganze Denken und Handeln um Menschen, die nicht in der Lage sind, ihre Lebensführung völlig selbständig zu gestalten oder deren Selbständigkeit gefährdet ist. Somit bedeutet das Anfordern von Leistungen aus diesem Bereich aus Sicht des Kunden, daß er ein Defizit eingesteht. Vom Kunden kann daher nicht zwangsläufig eine Erfolgsmeldung erwartet werden. Deshalb ist es umso mehr die Aufgabe der Führung, den Mitarbeitern Möglichkeiten zu eröffnen, auf die eigene Arbeit stolz zu sein.

Dies kann nur geschehen, wenn man den Erfolg auch definieren kann. Wir benötigen den Soll-Ist-Vergleich zwischen Werten, die man hat, und Leistungen, die man erbringt. Bei der Arbeit von Menschen an Menschen ist dies besonders schwierig: Durch die Dienstleistung am Menschen wird im Sozialbereich erst das eigentliche Produkt erbracht – beispielsweise Sicherheit, Wohlbefinden oder Zufriedenheit. Dieses Produkt läßt sich nur indirekt erbringen und messen.

Um zu erkennen, wo bereits führungstechnisch gute Arbeit geleistet wurde, oder wo Entwicklungsmöglichkeiten bestehen, sind die Ausführungen des Buches sozusagen als Soll-Ist-Vergleich oder Meßlatte zu verstehen.

Unser Wunsch ist es, daß der Leser sich in diesen Ausführungen wiederfinden möge und sie auf den eigenen Alltag anwenden kann.

VII. Stichwortverzeichnis

Stichwortverzeichnis

Abgrenzung, S. 37f., 41, 47
Ablauforganisation, S. 53ff
Absprachen, S. 57, 59
Aktionsrahmen, S. 36ff
Amplituden-Modell, S. 84ff
Anweisung, S. 59, 93f.
Arbeitszufriedenheit, S. 84ff, 95
Aufbauorganisation, S. 8f., 51ff
Beurteilungsgespräch, S. 78ff.
Delegationsbereich, S. 56f., 93
Dezentralisation, S. 48. 52f.
Entscheidungen, S. 8, 12f., 25, 34f.
– Ausführungsentscheidungen, S. 35
– Entscheidungsvorbereitung, S. 12, 48
– Initiativentscheidungen, S. 34f.
Expertenkonferenz, S. 50ff
Fachpromotor, S. 81ff
Führung, S. 5ff
– Definition, S. 7
Führungsaufgaben, S. 33ff
– personenbezogene, S. 61ff
– sachbezogene, S. 36ff
Führungstätigkeiten, S. 62
Führungserfolg, S. 99ff
– Dimensionen, S. 99
Führungsinstrumente, S. 69ff
– Einsatz, S. 81ff
– Begriff, S. 69
– immateriell direkte, S. 70
– immateriell indirekte, S. 70
– motivationsfördernde, S. 70ff
– objektiv bewertbare, S. 69
Führungsprofil, S. 17ff
– Persönlichkeitsmerkmale, S. 17ff
Führungsstil, S. 75ff
– autoritärer, S. 76f.
– kooperativer, S. 76f.
– laissez-faire, S. 77
Funktionsbeschreibung, S. 56
Handlungsregeln, S. 58
Hierarchie, S. 5, 8f., 19
– Ebenen, S. 8f.
– Funktionshierarchie, S. 53f.
– Statushierarchie, S. 53f.
Individualität, S. 17, 29, 47
Information, S. 12ff, 19ff, 34, 71ff
Johari-Fenster, S. 72f.
Kommunikation, S. 6, 11, 71 ff
Kommunikationswerkzeuge, S. 74
Kompetenz, S. 14, 17, 18f.
– fachliche, S. 17, 18f., 37, 50, 53

– persönliche, S. 17, 18f., 35, 37, 50, 53
Kontrolle, S. 33, 40, 51, 59, 60f., 76f., 80
Koordinierung, S. 49
Leitbild, S. 11f., 36, 44
– abstrakt, S. 44
– visionär, S. 44
Leitung, S. 5, 6, 42, 52, 61
Machtpromotor, S. 81ff
Management, S. 5, 7ff
– by organisation, S. 91ff
– by delegation, S. 91, 93
– by motivation, S. 91, 95
– Lower-Management, S. 8f.
– Middle-Management, S. 8f.
– Prinzipien, S. 91ff
– Top-Management, S. 8f., 46
Marginalbeschreibung, S. 56
Mitarbeiterbeurteilung, S. 78ff
Organe, S. 50, 52, 54
Organisation, S. 8f., 33, 40, 47ff
– Definition, S. 47
Partizipation, S. 12ff, 75, 77
– Stufen, S. 12ff
Persönlichkeitsmerkmale, S. 17ff
Planung, S. 33, 36ff
– Definition, S. 36
– Prozeß, S. 45
Sozialklima, S. 100
Standortgespräch, S. 20
Stellenbeschreibung, S. 55
Überwachung, S. 33, 51, 57, 60f.
Vereinbarungen, S. 57, 59
Verhalten, S. 21f., 29f
– soziales, S. 29
Vernetzung, S. 50
Weisung, S. 57, 59
Zentralisation, S. 48ff
Ziele, S. 7, 10ff, 20, 26
– Handlungsziele, S. 57f.
– konkrete, S. 41ff
– periodische, S. 41ff
– sektorale, S. 41ff
– Teilziele, S. 40f.
– Unternehmensziele, S. 10, 20, 42ff
Zielkonflikt, S. 10, 64f., 91, 95, 105ff
Zielorientierung, S. 10f., 63

VIII. Quellenverzeichnis

Quellenverzeichnis

1 *Davis, K.*: Human relations at work. New York 1967.

2 *Rosenstiel, Lutz von*: Grundlagen der Führung, in: Rosenstiel, Lutz von/Regnet, Erika/Domsch, Michel (Hrsg.): Führung von Mitarbeitern. Handbuch für erfolgreiches Personalmanagement. 2. Auflage. Stuttgart 1993.

3 *Vroom, V.H./Yetton, P.W.*: Leadership and decision making. Pittsburgh 1973.

4 *Greif, Siegfried/Holling, Heinz/Nicholson, Nigel (Hrsg.)*: Arbeits- und Organisationspsychologie. Internationales Handbuch in Schlüsselbegriffen. 2. Auflage. Weinheim 1995.

5 *Wunder, Rolf/Grunwald, Wolfgang*: Führungslehre. Band II: Kooperative Führung. Berlin, New York 1980.

6 *Wöhe, Günter*: Einführung in die allgemeine Betriebswirtschaftslehre. 14. überarbeitete Auflage. München 1981.

7 *Wöhe, Günter:* a.a.O. S. 117.

8 *Luft, Joseph*: Einführung in die Gruppendynamik. Stuttgart 1971.

9 *Häusler, J.*: Grundfragen der Betriebsführung. Wiesbaden 1966.

10 *Witte, E.*: Führungsstile, in Grochla, E.: Handwörterbuch der Organisation. Stuttgart 1969.

11 *Lewin, K. et al.*: Pattern of aggressive behavior in experimentally created ‹social climates›. J. of Soc. Psychol. 10/1939. S. 271–299.

12 *Witte, E.:* a.a.O. S. 595.

13 *Wöhe, Günter:* a.a.O. S. 121

14 *Wöhe, Günter:* a.a.O. S. 122

IX. Das Autorenteam

Das Autorenteam

Ingrid Hastedt
Dipl.-Haushaltsökonomin. Universitäre Tätigkeit an einem arbeitswissenschaftlichen Institut. Seit 1990 Aufbau und Leitung des Bereichs Forschung & Beratung der *Paul-Lempp-Stiftung.* Wissenschaftliche Begleitung von Praxisprojekten. Entwicklung von Controlling-Instrumenten. Beratungstätigkeit auf dem Gebiet der Altenhilfe und Rehabilitation mit Schwerpunkt „Unternehmensplanung".

Peter Junker
Volks- und Betriebswirt. Langjährige industrielle Führungserfahrung. Seit 1981 im Sozialbereich als Geschäftsführer und Vorstand tätig. Reorganisation des *Verbands Schwäbischer Feierabendheime e.V.* und Aufbau der *Unternehmensgruppe Dienste für Menschen.* Experte für Organisationsentwicklung und betriebswirtschaftliche Beratung. Lehrtätigkeit an verschiedenen Universitäten und Instituten mit Schwerpunkten in Organisation, Konzeptionsentwicklung, Führungslehre und Rhetorik.

Gisela Rehfeld
Krankenschwester. Praktische Tätigkeit in Chirurgie, Gefäßchirurgie, Intensivpflege. Aufbau der *Geriatrischen Rehabilitationsklinik Esslingen-Kennenburg* als Leitung des Pflegedienstes und therapeutischen Dienstes. Wissenschaftliche Arbeit zur Operationalisierung rehabilitativer Pflege in der Geriatrie. Seit 1991 Geschäftsführerin der *AERPAH Krankenhausgesellschaft mbH.* Dozententätigkeit und Supervision. Lehrbuchautorin. Beratungstätigkeit bei Führungsaufgaben und Organisationsentwicklung.